메타버스 ZEP 크리에이터
CONTENTS

1 TUTORIAL
크리에이터를 위한 ZEP 소개

2 START
ZEP 크리에이트 스타터

3 PROJECT
ZEP 크리에이트 메이커

메타버스 ZEP(젭)을 소개해요

'메타버스'란 무엇인가요?

메타버스는 '메타(MEAT : 가상)'와 '유니버스(UNIVERS : 현실 세계)'를 합친 말로 '가상과 현실 세계가 공존하는 디지털 세상'이라는 뜻을 나타냅니다. 쉽게 말하면 현실 세계에서 하던 일을 가상 세계에서도 할 수 있다는 것이에요. 메타버스에서는 친구들과 만나 이야기도 하고, 게임도 하고, 회의도 할 수 있는데요. 우리가 함께 경험해 볼 메타버스 'ZEP(젭)'의 경우에는 '스페이스 만들기'를 통해 건축물과 사람들이 생활하는 데 필요한 각종 물건을 만들 수 있어요. 또, 파일 공유, 이미지 공유, 동영상 공유를 할 수 있기 때문에 친구들과 다양한 활동을 할 수 있답니다.

ZEP에서 친구들과 소통하는 방법에 대해 알고 싶어요!

▶영상/음성 채팅

ZEP에서는 서로 가까이 있는 아바타 간에 '영상/음성 채팅'이 가능해요. 만약 영상과 음성으로 소통하는 것을 원하지 않을 경우에는 사용을 중지할 수 있답니다.

▲ 영상 채팅

❶ **카메라 켜기/카메라 끄기** : ZEP에서 카메라를 켜거나 끌 수 있습니다.

❷ **마이크 켜기/마이크 끄기** : ZEP에서 마이크를 켜거나 끌 수 있습니다.

❸ **친구 초대하기** : 자신의 맵으로 친구를 초대할 수 있는 주소가 표시되어 있습니다. 친구는 이 주소를 인터넷 창에 입력하여 입장할 수 있습니다.

❹ **비디오/오디오** : 카메라와 마이크가 켜지면 영상 채팅할 수 있는 화면이 나타납니다.

❺ **참가자** : 참가자의 인원수와 목록, 접속 상태, 카메라/마이크 상태 등 다양한 기능을 활성화할 수 있습니다.

▶ 비디오/오디오 설정 - 프라이빗

ZEP에서는 비공개로 소통하는 프라이빗 공간을 만들 수 있어요. 프라이빗 공간은 ID를 다르게 지정하여 만들 수 있는데요. ID가 같은 영역 안에 위치한 아바타끼리 서로 비공개로 소통할 수 있게 돼요. 프라이빗 공간 밖에 있는 아바타의 경우에는 아무리 가까운 위치에 있더라도 소통할 수 없답니다.

 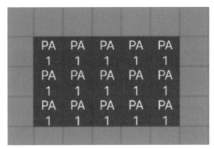

▲ '맵 편집' 창에서 프라이빗 공간을 적용하면 'PA' 타일 표시로 구분되어 나타납니다.

▶ 비디오/오디오 설정 - 스포트라이트

아바타가 스포트라이트 공간 안으로 들어갈 경우, 맵 전체에 자신의 '비디오/오디오' 채팅이 공개됩니다. 맵에 방문한 모든 아바타에게 메시지를 전달할 수 있는 기능이므로 '사회자', '선생님', '가수' 등 여러 대상을 향해 소통하는 역할을 하는 아바타가 사용하기에 좋아요.

▲ '맵 편집' 창에서 스포트라이트 공간을 적용하면 '별' 타일 표시로 구분되어 나타납니다.

▶ 미디어 설정 - 이미지, 파일 공유 등

ZEP에는 맵에 미디어를 추가할 수 있는 기능이 있습니다. 유튜브 영상을 자유롭게 배치할 수 있으며 파일, 이미지, 화이트보드 등을 사용하여 공유하고 싶은 내용을 추가할 수도 있습니다.

ZEP 로그인은 어떻게 하나요?

ZEP은 이메일 계정으로 간단하게 로그인할 수 있습니다.

❶ ZEP(https://zep.us)에 접속 한 후, [로그인]을 클릭합니다.

❷ 로그인할 때 사용할 이메일 주소를 입력하고, [이메일로 로그인]을 클릭합니다.

❸ 이메일로 전송된 인증 번호를 확인한 후, 인증 코드에 입력하면 ZEP에 로그인됩니다.

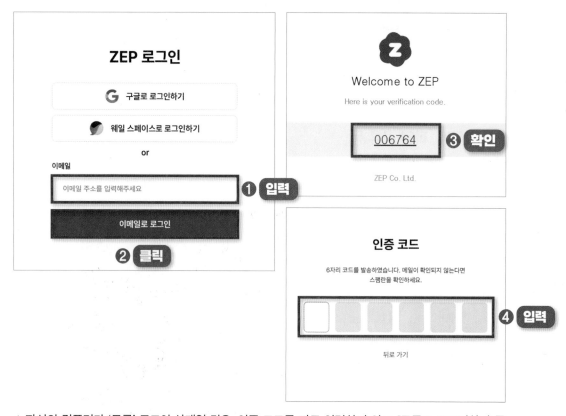

▲ 자신의 컴퓨터가 '구글' 로그인 상태일 경우, 인증 코드를 따로 입력하지 않고 [구글로 로그인하기]를 통해 간편하게 로그인할 수 있습니다.

크리에이터를 위한 ZEP 소개

와! ZEP 체험하기

🚐 **학습목표**

◆ 아바타의 조작 방법을 배웁니다.
◆ ZEP에서 친구와 상호작용하는 방법을 배웁니다.
◆ ZEP에서 제공하는 다양한 맵을 살펴봅니다.

배울 내용 미리보기 ⚡

ZEP 주요 기능

◉ ZEP 로그인
◉ 스페이스 체험
◉ 아바타 꾸미기
◉ 프로필 설정
◉ 작동 방법 배우기
◉ 디저트 월드 맵
◉ 미디어 추가
◉ 스페이스 나가기
◉ ZEP 로그아웃

▲ 아바타 꾸미기

▲ 사진 찍기

 ZEP 젭할 사람 모두 모여라!

여러분 메타버스 'ZEP(젭)'은 친구들과 함께 자유롭게 대화할 수 있는 가상공간이에요. 다양한 친구들과 모임을 갖고 대화하기 위한 가상공간은 나만의 스타일로 디자인할 수 있지요. 이번 첫 시간에는 메타버스 'ZEP'에 로그인해 볼까요? 그리고 개성 있는 나만의 아바타를 꾸며서 활동해 보기로 해요. 아바타를 키보드의 방향키를 이용하여 이동시킬 수 있으니 마음껏 구경해 보기로 해요.

1 PLAY 나만의 아바타 만들기

메타버스 ZEP에서 '나'를 대신해 활동할 아바타의 모습을 꾸민 후, 이름을 만들어 봅니다.

01 ZEP(zep.us)에 접속한 후, [로그인] 버튼을 클릭하여 '구글' 또는 '이메일 계정'으로 로그인합니다.

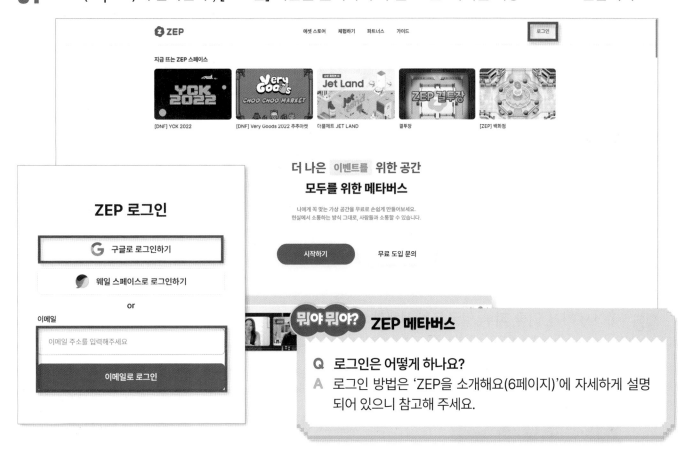

뭐야 뭐야? ZEP 메타버스

Q 로그인은 어떻게 하나요?
A 로그인 방법은 'ZEP을 소개해요(6페이지)'에 자세하게 설명되어 있으니 참고해 주세요.

02 아바타를 꾸민 후, 맵을 살펴보기 위해 [체험하기]-[당도 최고 디저트 월드]를 클릭하여 스페이스에 접속합니다.

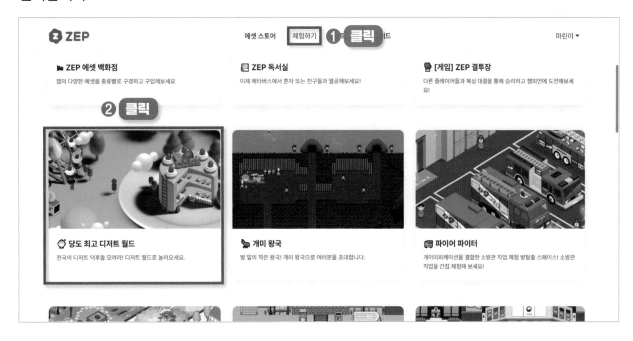

03 아바타를 꾸미기 위해 프로필을 클릭한 후, '내 프로필' 창이 나타나면 [아바타 꾸미기]를 클릭합니다.

04 '프로필 설정' 창이 나타나면 ZEP에서 사용할 '이름'과 '나'의 기분을 나타내는 '상태명'을 만들어 입력합니다.

05 이어서 헤어, 의류, 피부, 얼굴 등을 선택한 후, [저장]을 클릭합니다.

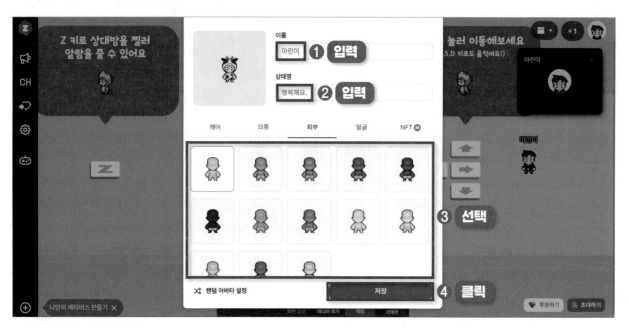

모두 모두 ZEP 크리에이터 💎 • • •

◆ '아바타'는 자신과 비슷한 모습이 나타날 수 있게, 또 자신의 개성이 나타날 수 있게 만들어 봅니다.
◆ '아바타'는 현재 자신의 기분이 나타나도록 꾸밀 수도 있습니다.
◆ '아바타'의 모습은 언제든지 다시 바꿀 수 있으니 마음껏 디자인해 봅니다.

2 PLAY 맵 살펴보기

맵에서 활동할 '아바타의 움직임'과 '오브젝트의 기능'에 대해 알아봅니다.

01 말풍선 모양의 상자에 안내된 '아바타 작동 방법'을 차례대로 확인하면서 따라해 봅니다.

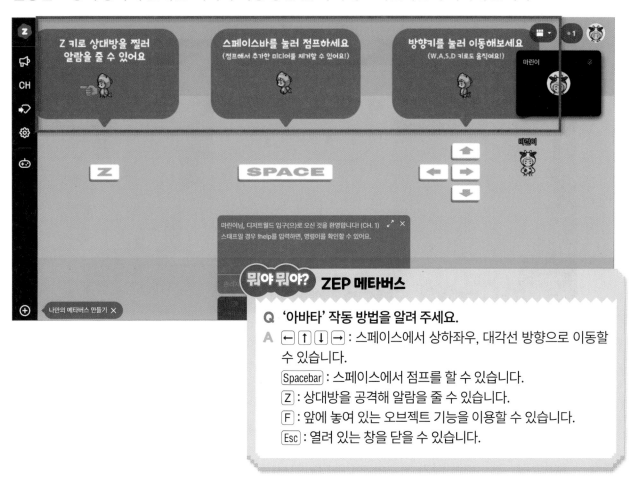

뭐야 뭐야? ZEP 메타버스

Q '아바타' 작동 방법을 알려 주세요.

A ←↑↓→ : 스페이스에서 상하좌우, 대각선 방향으로 이동할
수 있습니다.
Spacebar : 스페이스에서 점프를 할 수 있습니다.
Z : 상대방을 공격해 알람을 줄 수 있습니다.
F : 앞에 놓여 있는 오브젝트 기능을 이용할 수 있습니다.
Esc : 열려 있는 창을 닫을 수 있습니다.

02 '별 과자'를 따라 이동하여 '디저트 월드'에 접속한 후, 스페이스를 구경하며 기능을 실행해 봅니다.

PLAY
3 미디어 활용하기

미디어 기능을 이용하여 함께 접속한 친구들과 사진을 찍어 봅니다.

01 스페이스를 구경하며 친구들과 추억을 남기기 위해 [+미디어 추가]-[스크린 샷]을 클릭하여 사진을 찍어봅니다.

뭐야 뭐야? ZEP 메타버스

Q '스크릿 샷'으로 찍은 사진은 어디에 저장이 되나요?
A [내 PC]의 [다운로드] 폴더에 사진이 저장됩니다.

02 디저트 월드를 구경하다가 친구를 만나면 [리액션]을 클릭한 후, 이모지를 통해 감정을 표현해 봅니다. 이모지는 키보드의 단축키인 '1~5' 키, '0' 키를 이용하여 표현할 수도 있습니다.

03 월드 구경이 끝나면 [스페이스 나가기(z)]-[홈으로 가기(⌂)]를 클릭한 후, 계정 [로그아웃]을 합니다.

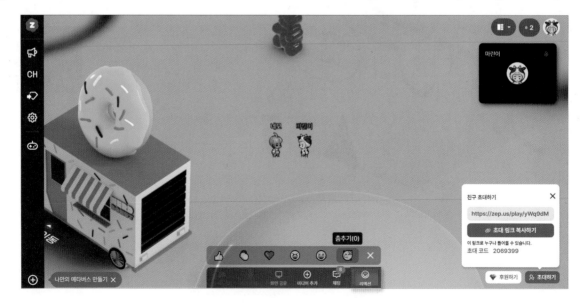

01 [체험하기]-[게임 : ZEP 결투장]에서 'Ⓩ 키'를 눌러 다른 플레이어들과 복싱 대결을 실행해 봅니다.

다른 플레이어를 [주먹(Ⓩ)] 키로 공격해 쓰러뜨리고 살아남으면 승리하는 게임이에요.

02 [체험하기]-[파이어 파이터]에서 소방관 직업 체험과 함께 방 탈출 게임을 해 봅니다.

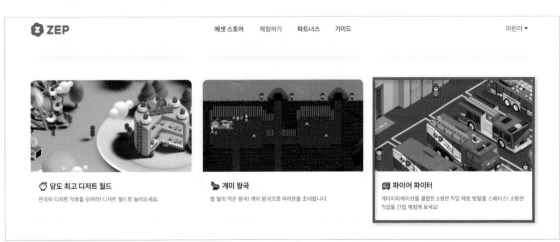

• 로비에서 'Ⓕ 키'를 눌러 입장 방명록을 작성한 후, 입장 코드를 입력하여 방 탈출 게임 맵으로 입장할 수 있어요.
• 바닥에 써 있는 안내 숫자와 글자를 보면서 순서대로 탈출 미션을 해결해 보세요.

02

뚝딱! 맵 에디터 활용하기

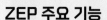 **학습목표**

- ◆ '맵 에디터'의 화면 구성을 이해할 수 있습니다.
- ◆ 바닥, 벽, 오브젝트, 상단 오브젝트를 활용하여 '빈 맵'을 꾸며 봅니다.
- ◆ '바닷가' 맵을 완성한 후, 친구들과 함께 플레이합니다.

배울 내용 미리보기

ZEP 주요 기능

- ◉ 스페이스 만들기
- ◉ 빈 맵에서 시작하기
- ◉ 맵 에디터 활용
- ◉ 오브젝트 추가/삭제
- ◉ 플레이

▲ 맵 만들기

▲ 맵 플레이하기

 ZEP 젭할 사람 모두 모여라!

여러분은 지난 시간에 아바타를 만들고 맵을 구경해 보았지요? 이번 시간에는 [스페이스 만들기]를 해 보기로 해요. 다양한 오브젝트를 활용하여 멋지게 꾸며 보아요. 먼저 맵의 형태를 선택하고요. 그 다음 '맵 에디터'를 활용하여 '바닷가' 맵을 직접 만들어 보기로 해요.

맵을 만들 때에 사용하는 '맵 에디터'에 대해 알아봅니다.

01 ZEP(zep.us)에 접속한 후, [로그인] 버튼을 클릭하여 '구글' 또는 '이메일 계정'으로 로그인합니다.

02 나만의 맵을 만들기 위해 [+스페이스 만들기]를 클릭합니다.

뭐야 뭐야? ZEP 메타버스

Q 아직 맵을 만들지 않았는데, 화면에 나타난 맵은 무엇인가요?
A 여러분이 이전에 접속했던 맵들이 저장되어서 화면에 나타난 것이에요.

03 '템플릿 고르기' 창이 나타나면 [빈 맵에서 시작하기]를 클릭합니다.

뭐야 뭐야? ZEP 메타버스

Q [ZEP 맵]에 미리 만들어져 있는 맵을 사용해도 되나요?
A 네, 사용해도 되는데요. 이번에는 직접 만드는 방법을 배우기 위해 [빈 맵에서 시작하기]를 사용해 보기로 해요.

04 '스페이스 설정' 창이 나타나면 '스페이스 이름(바닷가)'을 입력하고, [만들기]를 클릭합니다.

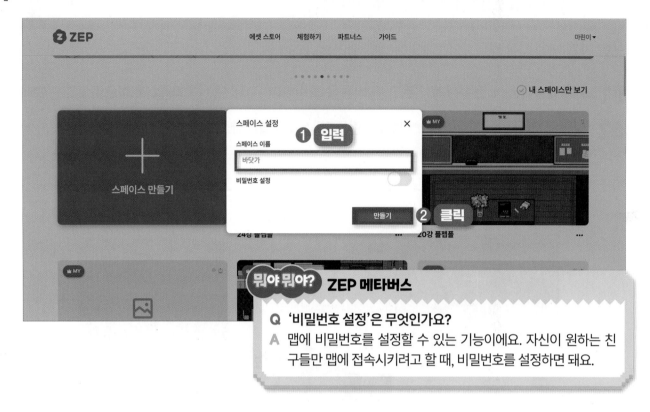

뭐야 뭐야? ZEP 메타버스

Q '비밀번호 설정'은 무엇인가요?
A 맵에 비밀번호를 설정할 수 있는 기능이에요. 자신이 원하는 친구들만 맵에 접속시키려고 할 때, 비밀번호를 설정하면 돼요.

05 '맵 에디터'의 화면 구성을 확인합니다.

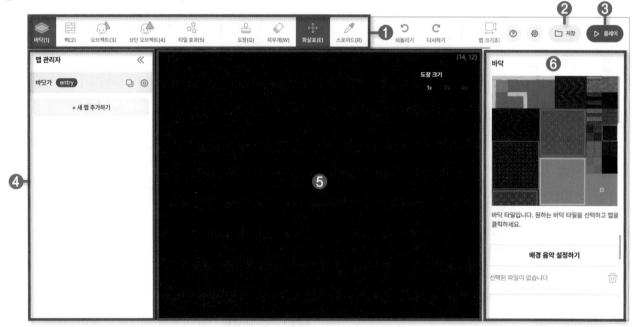

❶ **만들기 도구** : 맵을 만들 때에 필요한 도구입니다.
❷ **저장** : 맵을 저장합니다.
❸ **플레이** : 맵을 실행합니다.
❹ **맵 관리자** : 새 맵을 '추가/삭제' 하거나 맵의 설정을 바꿉니다.
❺ **맵** : 맵을 만드는 공간입니다.
❻ **오브젝트 속성 창** : '만들기 도구'를 클릭하면 해당하는 오브젝트나 속성이 표시됩니다.

06 만들기 도구의 기능을 자세하게 알아봅니다.

① **바닥** : 바닥을 설치할 수 있습니다.

② **벽** : 바닥 위에 벽을 세울 때 사용합니다.

③ **오브젝트** : 실행 화면에서 아바타가 오브젝트를 지나갈 때, '아바타 뒤쪽'에 나타나는 오브젝트입니다.

④ **상단 오브젝트** : 실행 화면에서 아바타가 오브젝트를 지나갈 때, '아바타 앞쪽'에 나타나는 오브젝트입니다.

⑤ **타일 효과** : 타일에 다양한 효과(스폰, 포털 등)를 나타냅니다.

⑥ **도장** : 바닥, 벽, 오브젝트, 상단 오브젝트를 도장 찍듯이 맵 위에 설치합니다.

⑦ **지우개** : 맵에 설치되어 있는 바닥, 벽, 오브젝트, 상단 오브젝트, 타일 효과 등을 제거합니다.

⑧ **화살표** : 맵의 위치를 이동시킵니다.

⑨ **스포이드** : 맵에 설치되어 있는 오브젝트와 타일을 복사합니다.

⑩ **되돌리기** : 이전으로 상태로 돌아갑니다.

⑪ **다시하기** : 취소한 작업을 다시 실행합니다.

⑫ **맵 크기조정** : 맵의 크기나 형태를 설정합니다.

 **PLAY**

2 맵 만들기

맵의 크기를 조정한 후, 다양한 오브젝트를 이용하여 맵을 완성해 봅니다.

01 맵의 크기를 설정하기 위해 [맵 크기조정]을 클릭한 후, '맵 크기 수정하기' 창이 나타나면 '너비(20)'와 '높이(20)'를 입력하고 [저장] 버튼을 클릭합니다.

02 맵의 배경을 '바다'로 만들기 위해 [바닥]-[도장]을 클릭한 후, [도장 크기]를 '4x'로 바꿉니다. 그리고 '바닥'에서 스크롤을 아래쪽으로 내려 '바다' 모양을 클릭한 후, 맵에 '클릭/드래그' 하여 배경을 추가합니다.

뭐야 뭐야? ZEP 메타버스

Q 화면을 축소하거나 확대하려면 어떻게 해야 해요?
A 마우스 휠을 위쪽으로 돌리면 화면의 크기가 커지고, 아래쪽으로 돌리면 화면의 크기가 작아져요.
Q '도장 크기'가 뭐예요?
A 맵을 꾸밀 때에 사용하는 도장의 크기인데요. '1x, 2x, 4x' 크기로 구분해 사용할 수 있어요.

03 '도장 크기'를 자유롭게 바꾸어 가며 바닥을 다음 그림과 같이 완성합니다.

04 [오브젝트]-[도장]을 클릭합니다. 이어서 [사무실], [파티룸], [크리스마스] 오브젝트 목록을 클릭한 후, 마음에 드는 이미지를 골라 '바닷가'를 꾸며 봅니다.

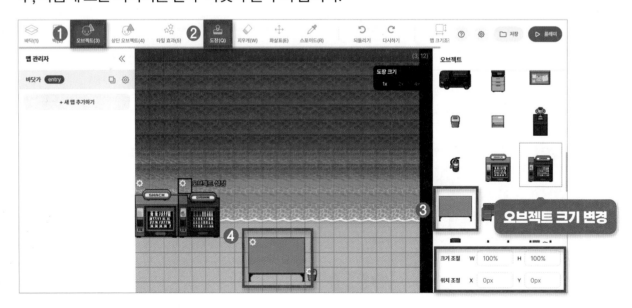

뭐야 뭐야? ZEP 메타버스

Q 오브젝트를 잘못 설치하면 어떡해요?
A 지우개를 선택한 후, 지우고 싶은 '오브젝트 설정(⚙)' 버튼을 클릭합니다.

05 [상단 오브젝트]-[도장]을 클릭합니다. 이어서 [사무실], [파티룸], [크리스마스] 오브젝트 목록에서 마음에 드는 이미지를 골라 바닷가를 꾸며 봅니다.

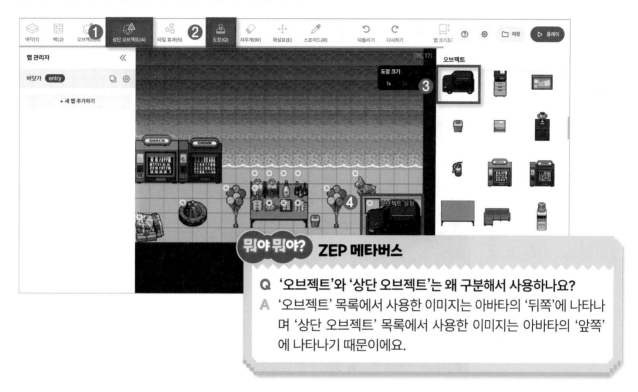

뭐야 뭐야? ZEP 메타버스

Q '오브젝트'와 '상단 오브젝트'는 왜 구분해서 사용하나요?

A '오브젝트' 목록에서 사용한 이미지는 아바타의 '뒤쪽'에 나타나며 '상단 오브젝트' 목록에서 사용한 이미지는 아바타의 '앞쪽'에 나타나기 때문이에요.

06 완성한 맵을 확인한 후, [플레이(▷ 플레이)]를 클릭하여 친구들과 함께 테스트해 봅니다.

07 테스트가 끝나면 [스페이스 나가기(Z)]-[홈으로 가기(⌂)]를 클릭한 후, 계정 [로그아웃]을 합니다.

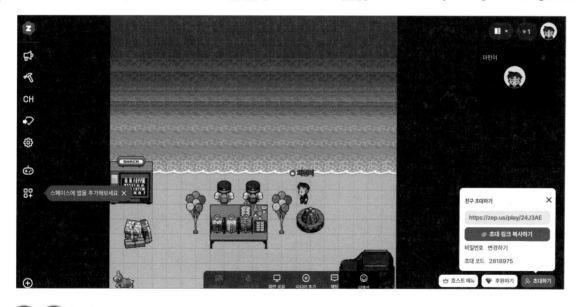

뭐야 뭐야? ZEP 메타버스

Q 친구는 어떻게 초대해요?

A [초대하기]를 클릭하면 자신의 맵 주소가 나타나요. [초대 링크 복사하기]를 클릭한 후, 친구에게 주소를 알려 주세요. 주소를 받은 친구는 인터넷 주소 창에 주소를 입력하여 초대 받은 맵에 접속할 수 있어요.

01 [+스페이스 만들기]-[빈 맵에서 시작하기]를 클릭하여 '사무실 맵'을 완성해 봅니다.
.....

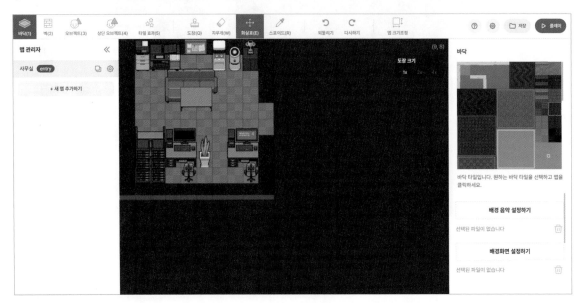

맵의 크기는 너비 '10', 높이 '10'이에요.
'오브젝트'와 '상단 오브젝트'를 구분하여 배치해 보도록 해요.

02 완성한 '사무실 맵'에 친구를 초대해 봅니다.
.....

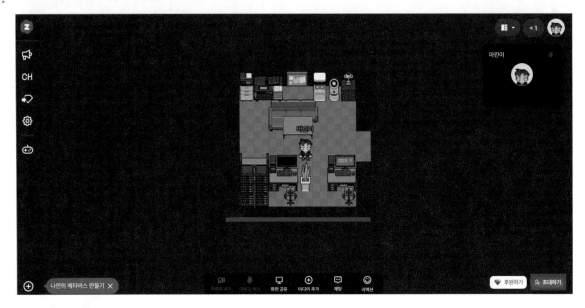

[초대하기]를 클릭하여 친구에게 초대 코드를 알려 줄 수 있어요.

20

03

핫플! 에셋 스토어 활용하기

학습목표

◆ '에셋 스토어'에서 제공하는 무료 오브젝트와 맵을 구매합니다.
◆ 오브젝트와 맵을 활용하여 맵을 꾸미고, '통과 불과' 효과를 적용해 봅니다.
◆ '학교' 맵을 완성한 후, 친구들과 함께 플레이합니다.

배울 내용 미리보기 ⚡

ZEP 주요 기능

◎ 에셋 스토어
◎ 맵 구매
◎ 맵 에디터
◎ 오브젝트 추가/삭제
◎ 통과 불가

▲ 에셋 스토어 활용하기

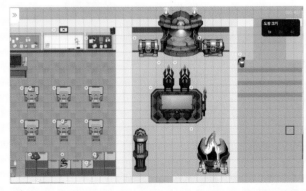

▲ 맵 꾸미기

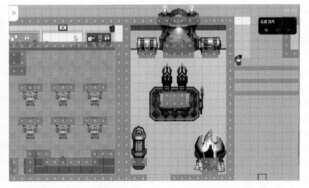

▲ 타일 효과 추가하기

ZEP 젭할 사람 모두 모여라! ♥

이번 시간에는 맵을 꾸미기 위해 '에셋 스토어'에서 제공하는 무료 맵과 오브젝트를 사용해 볼까요?
'에셋 스토어'에는 다양한 맵과 오브젝트가 준비되어 있는데요. 'FREE'라는 글자가 표시되어 있는 무
료 맵과 오브젝트를 사용하여 맵을 만들어 보기로 해요. 그리고 나서 '통과 불가' 타일 효과를 이용하여
'이동할 수 있는 길'과 '이동할 수 없는 길'을 만들어 보아요.

1 에셋 스토어에서 맵과 오브젝트 구매하기

'에셋 스토어'에서 제공하는 무료 오브젝트와 맵을 살펴본 후, 구매해 봅니다.

01 ZEP(zep.us)에 접속한 후, [로그인] 버튼을 클릭하여 '구글' 또는 '이메일 계정'으로 로그인합니다.

02 '무료 맵'을 살펴보고 구매하기 위해 [에셋 스토어]-[맵]을 클릭한 후, 'FREE'라고 표시되어 있는 맵 중에서 마음에 드는 '맵(학교 방탈출 맵)'을 찾아 클릭합니다.

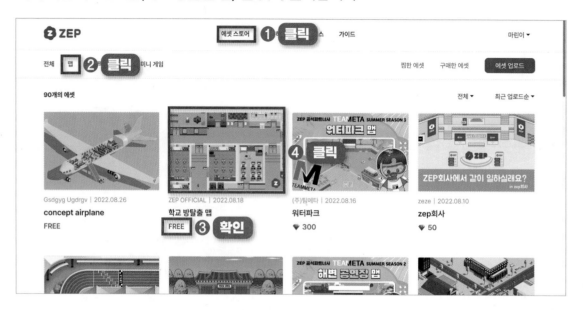

03 맵을 구매하기 위해 [사용하기] 버튼을 클릭한 후, [구매완료]로 변경된 버튼을 확인합니다.

뭐야 뭐야? ZEP 메타버스

Q [사용하기] 버튼을 클릭하여 구매한 맵과 오브젝트는 어디에서 확인할 수 있나요?

A [사용하기] 버튼을 클릭하여 [구매완료]한 맵과 오브젝트는 [맵 에디터]의 오브젝트 목록에서 확인할 수 있어요.

04 이어서 다른 맵도 살펴본 후, 마음에 드는 맵은 [사용하기] 버튼을 클릭하여 구매합니다.

05 '무료 오브젝트'를 살펴보고 구매하기 위해 [에셋 스토어]-[오브젝트]를 클릭한 후, 'FREE'라고 쓰여 있는 오브젝트 중에서 마음에 드는 '오브젝트(던전 오브젝트 세트)'를 찾아 클릭합니다.

06 오브젝트를 사용하기 위해 [사용하기] 버튼을 클릭합니다.

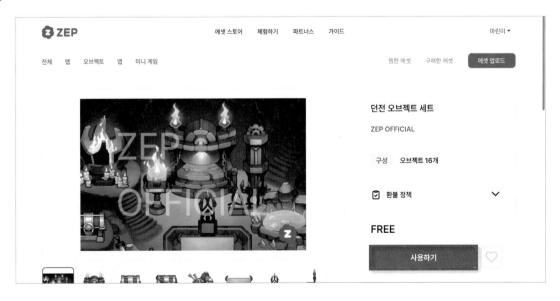

07 이어서 다른 오브젝트도 살펴본 후, 마음에 드는 오브젝트는 [사용하기] 버튼을 클릭하여 구매합니다.

'에셋 스토어'에서 제공하는 무료 오브젝트와 맵을 활용하여 맵을 완성해 봅니다.

01 맵을 만들기 위해 [홈버튼(**Ⓩ ZEP**)]을 클릭합니다. [+스페이스 만들기]-[구매한 맵]을 순서대로 클릭한 후, 활용할 맵을 클릭합니다.

02 '스페이스 설정' 창이 나타나면 '스페이스 이름(학교 맵)'을 입력한 후, [만들기]를 클릭합니다.

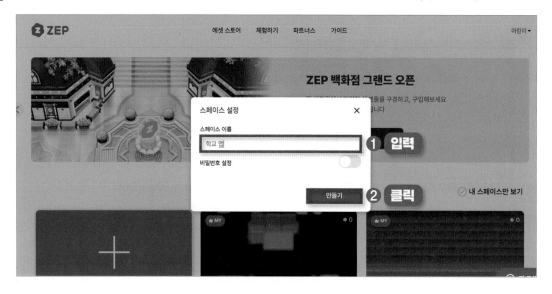

03 맵이 실행되면 [맵 에디터(🔨)]를 클릭하여 '맵 편집' 창으로 이동합니다.

04 '지도' 아이콘에 다가가 '⒡ 키'를 눌러 맵의 전체 구조를 확인한 후, 맵을 어떻게 바꾸고 꾸밀 것인지 생각해 봅니다.

05 [오브젝트]와 [상단 오브젝트]의 [도장], [지우개], [화살표], [스포이드] 도구를 이용하여 맵에서 불필 요한 오브젝트는 제거하고, 에셋 스토어에서 구매한 오브젝트를 추가해 봅니다.

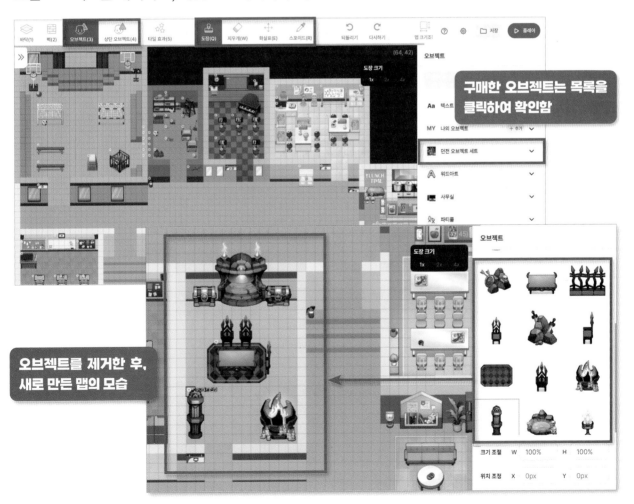

구매한 오브젝트는 목록을 클릭하여 확인함

오브젝트를 제거한 후, 새로 만든 맵의 모습

06 맵을 꾸민 후, 길을 만들기 위해 [타일 효과]의 [통과 불가]를 클릭합니다. 이어서 [도장]과 [지우개] 도구를 이용하여 아바타가 '이동할 수 있는 길'과 '이동할 수 없는 길'을 만들어 봅니다.

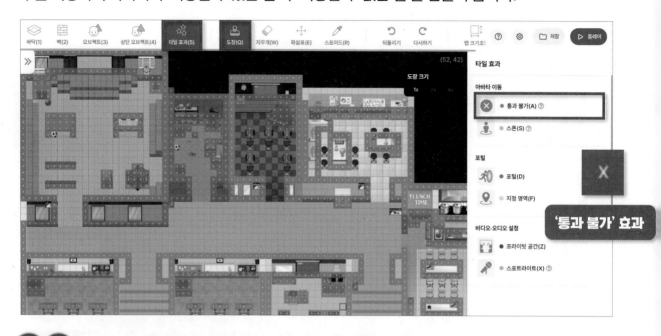

뭐야 뭐야? ZEP 메타버스

Q '이동할 수 없는 길'은 어떻게 만들어요?

A [도장]을 클릭한 후 맵의 타일을 클릭하면 ⊠가 나타나요. 타일이 ⊠가 되면 '이동할 수 없는 길'이 돼요.

Q '이동할 수 있는 길'은 어떻게 만들어요?

A 에셋 스토어에서 구매한 맵은 이동할 수 있는 길이 미리 만들어져 있어요. [지우개]를 선택한 후, ⊠ 표시된 타일을 클릭하면 ⊠가 삭제되어 '이동할 수 있는 길'이 돼요.

07 완성한 맵을 확인한 후, [플레이(▷ 플레이)]를 클릭하여 친구들과 함께 테스트해 봅니다.

08 테스트가 끝나면 [스페이스 나가기(Ⓩ)]-[홈으로 가기(⌂)]를 클릭한 후, 계정 [로그아웃]을 합니다.

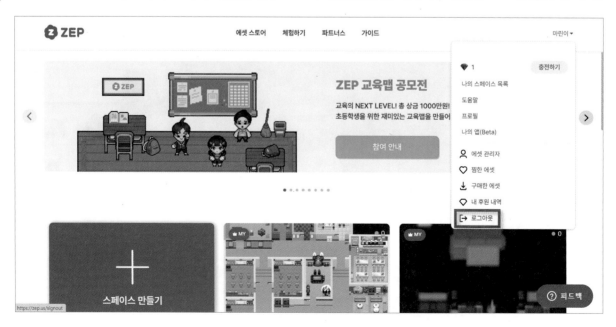

01 [에셋 스토어]에서 무료 오브젝트를 다운로드한 후, [+스페이스 만들기]-[빈 맵에서 시작하기]를 클릭합니다. 이어서 [바닥], [벽], [오브젝트]를 이용하여 맵을 자유롭게 꾸며 봅니다.

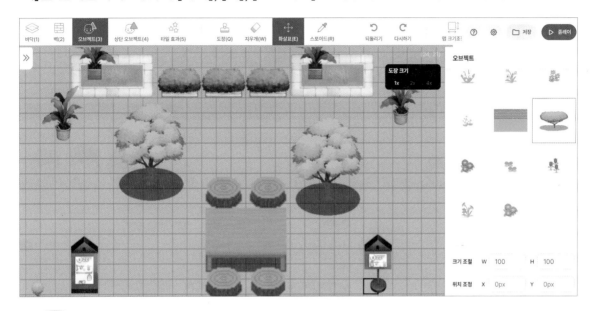

 '에셋 스토어'에는 유료 오브젝트도 있어요. 반드시 'FREE'라고 쓰여진 무료 오브젝트와 맵을 확인하고 구매하도록 해요.

02 맵이 완성되면 [타일 효과]의 [통과 불가] 효과를 이용하여 '이동할 수 있는 길'과 '이동할 수 없는 길'을 만들어 봅니다.

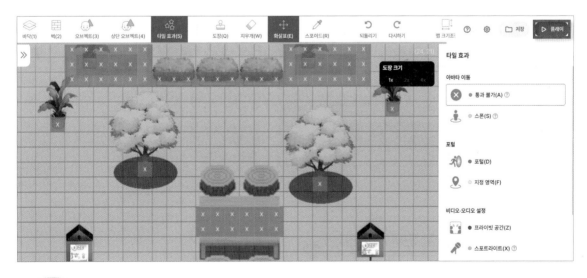

 맵이 완성되면 [플레이(▷ 플레이)] 버튼을 클릭하여 완성한 맵을 테스트해 보아요.

27

04

휘리릭~ 아바타 입장하기

🚐 학습목표

◆ 타일 효과에 추가된 '스폰' 기능에 대해 이해합니다.
◆ 아바타가 맵에 입장할 때의 위치를 정하여 '스폰'을 설치합니다.
◆ '달리기 경주' 맵을 완성한 후, 친구들과 함께 플레이합니다.

배울 내용 미리보기 ⚡

ZEP 주요 기능

◉ 오브젝트 구매
◉ 맵 에디터
◉ 오브젝트 추가/삭제
◉ 이동-통과 불가
◉ 이동-스폰 기능

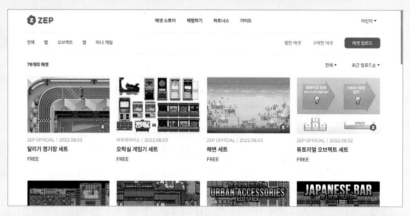

▲ 에셋 스토어 활용하기

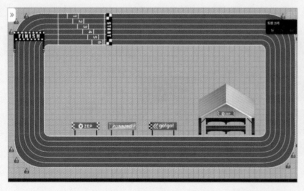

▲ 맵 꾸미기

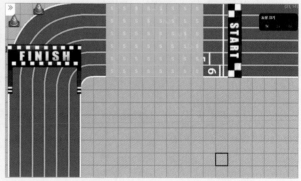

▲ 스폰 기능 추가하기

 ZEP 젭할 사람 모두 모여라! ♥

이번 시간에는 방문자가 '나'의 맵에 입장할 때의 위치를 설정해 보기로 해요. 먼저 '나만의 달리기 경기장'을 만든 후에 위치를 정해 '스폰'을 설치할 거예요. 스폰은 자신의 아바타 또는 방문하는 아바타들이 입장하는 위치인데요. 여러 곳에 설치할 경우, 방문하는 아바타가 서로 다른 위치에서 입장하는 것을 표현 수 있어요. 그럼 곳곳에 스폰을 설치해 볼까요?

에셋 스토어에서 오브젝트 구매하기

달리기 경기장을 만들기 위해 '에셋 스토어'에서 제공하는 무료 오브젝트를 사용해 봅니다.

01 ZEP(zep.us)에 접속한 후, [로그인] 버튼을 클릭하여 '구글' 또는 '이메일 계정'으로 로그인합니다.

02 달리기 경기장을 만들기 위해 [에셋 스토어]-[오브젝트]를 클릭한 후, [달리기 경기장 세트] 오브젝트를 찾아 클릭합니다.

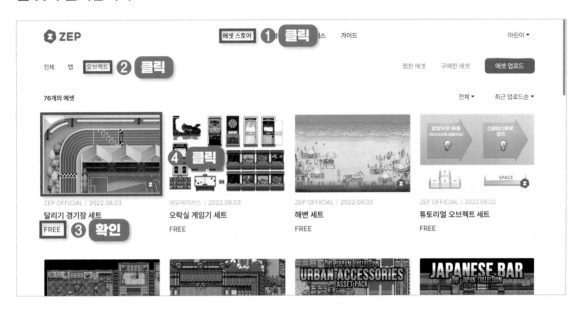

03 오브젝트를 사용하기 위해 [사용하기] 버튼을 클릭하여 구매합니다.

뭐야 뭐야? ZEP 메타버스

Q 완성되어 있는 맵인 '달리기 경기장 세트'를 사용해도 되나요?

A 아니요, 이번 시간에는 오브젝트만 구매해 주세요.

2 나만의 경기장 만들기 PLAY

'에셋 스토어'에서 구매한 '달리기 경기장 세트' 오브젝트를 이용하여 '나만의 경기장'을 만들어 봅니다.

01 맵을 만들기 위해 [홈버튼(**Ⓩ ZEP**)]을 클릭한 후, [+스페이스 만들기]-[빈 맵에서 시작하기]를 차례대로 클릭합니다. '스페이스 설정' 창이 나타나면 '스페이스 이름(달리기 경주)'을 입력한 후, [만들기]를 클릭합니다.

02 [맵 크기조정]을 클릭하여 '너비(60)', '높이(32)'를 입력한 후, [저장]을 클릭합니다.

03 '경기장'의 바닥을 만들기 위해 [바닥]에서 패턴을 선택한 후, [도장]을 클릭합니다. 이어서 도장 크기를 크게 바꾼 후, 맵에 경기장 바닥을 설치해 봅니다.

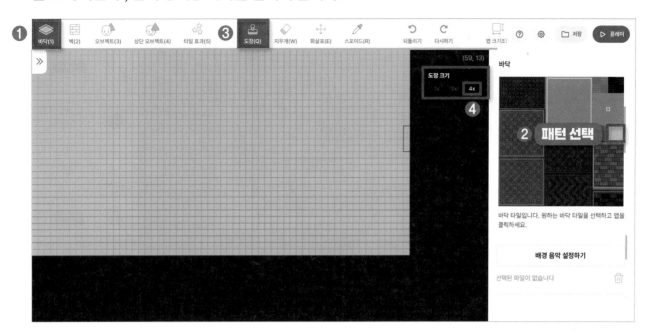

04 [오브젝트]의 [달리기 경기장 세트]에서 트랙 모양을 찾아 [도장]으로 설치해 봅니다.

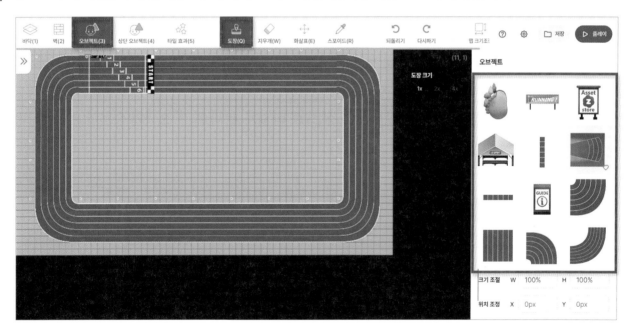

뭐야 뭐야? ZEP 메타버스

Q 오브젝트를 잘못 설치했는데 어떻게 해야 할까요?

A [오브젝트]-[지우개]를 선택하여 나타나는 '오브젝트 설정(⚙)'을 클릭하면 오브젝트가 삭제됩니다. 이러한 방법으로 오브젝트를 삭제한 후, 다시 설치해 보세요.

05 [상단 오브젝트]를 클릭하여 트랙 위에 결승선을 만들고, 다양한 오브젝트로 경기장을 꾸며 봅니다.

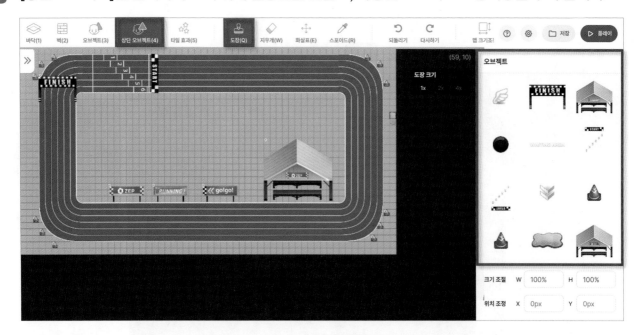

뭐야 뭐야? ZEP 메타버스

Q 왜 결승선을 만들 때 상단 오브젝트를 사용하나요?
A 상단 오브젝트는 아바타가 지나갈 때 가려지지 않고, 아바타의 앞쪽에 나타나므로 결승선을 표현하는 데 효과적입니다.

06 [타일 효과]-[통과 불가]를 클릭한 후, [도장]으로 타일에 '통과 불가' 효과를 적용하여 아바타가 '이동할 수 없는 길'을 만들어 봅니다.

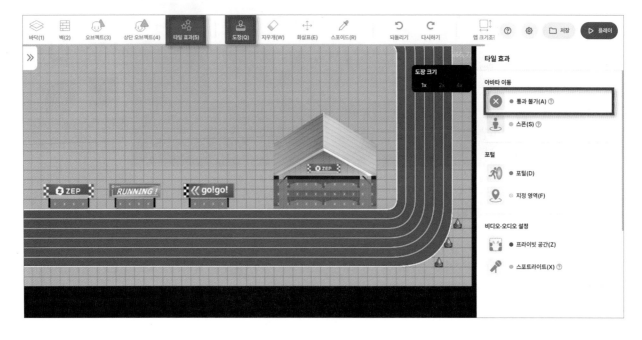

방문자가 맵에 입장할 때 나타나게 될 위치를 설정해 봅니다.

01 방문자가 입장하게 될 위치를 정하기 위해 [화살표]를 클릭하여 위치를 찾아 이동한 후, [타일 효과]-[스폰]을 클릭합니다.

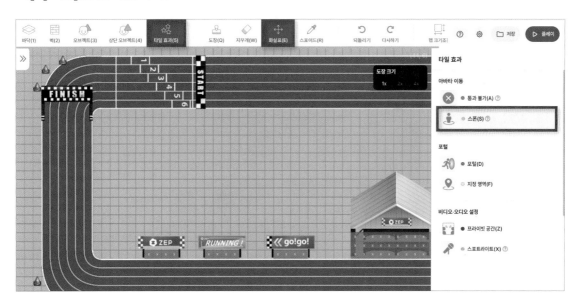

02 [도장]을 클릭하여 방문자가 입장하게 될 위치에 [스폰]을 설치합니다.

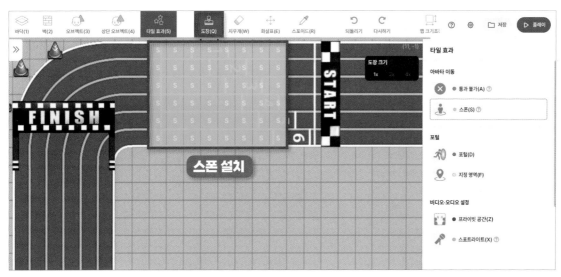

모두 모두 ZEP 크리에이터 💎

맵에 스폰을 여러 개 설치해 놓으면, 방문자가 스폰의 위치에서 랜덤으로 입장합니다.

03 완성한 맵을 확인한 후, [플레이(▷ 플레이)]를 클릭하여 친구들과 함께 테스트해 봅니다.

04 테스트가 끝나면 [스페이스 나가기(Z)]-[홈으로 가기(⌂)]를 클릭한 후, 계정 [로그아웃]을 합니다.

01 [+스페이스 만들기]-[구매한 맵]에서 [학교 방탈출 맵]을 클릭하여 실행시킵니다. 그리고 [맵에디터(🔨)]를 클릭하여 '맵 편집' 창으로 이동한 후, [스폰]을 여러 곳에 설치해 봅니다.

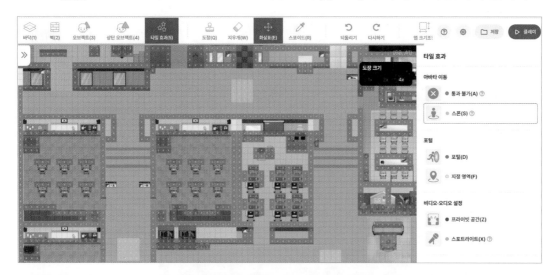

[타일 효과]-[도장]-[스폰]을 클릭하여 방문자가 입장하게 될 위치에 적용해요.

02 여러 번 [플레이(▷ 플레이)]를 눌러 보면서 아바타가 랜덤의 위치에서 입장하는 것을 확인해 봅니다.

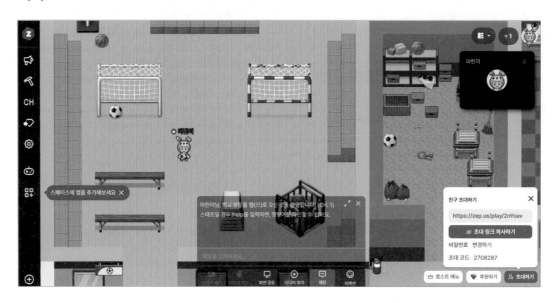

스폰을 여러 곳에 설치하면 아바타가 각각 다른 위치에서 입장하는 모습을 표현할 수 있어요.

05 뽕! 순간 이동하기

학습목표

- 아바타 이동 기능인 '포털'에 대해 이해하고, 활용할 수 있습니다.
- '포털'을 이용하여 '스페이스 내 다른 맵'으로 이동할 수 있습니다.
- '마을, 레스토랑, 바다' 맵에 설치된 포털을 이용하여 친구들과 함께 플레이합니다.

배울 내용 미리보기

ZEP 주요 기능

- 오브젝트 구매
- 맵 에디터
- 맵 추가
- 오브젝트 추가/삭제
- 포털 설치
- 스폰 설치
- 플레이

▲ 맵 추가하기

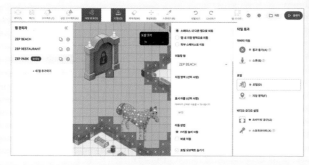

▲ 포털 설치하기

▲ 포털 활용하기

ZEP 젭할 사람 모두 모여라!

이번 시간에는 공간을 이동하는 기능인 '포털'에 대해서 배워 보기로 해요. 먼저 다양한 맵을 구매한 후 [맵 에디터]의 '맵 관리자'에 추가해 볼 거예요. 이렇게 추가한 맵을 포털을 통해 서로 연결하면 공간 이동이 가능하답니다. 그럼, 우리 한번 다른 맵으로 '뽕!~' 하고 순간 이동하는 방법에 대해 자세히 알아볼까요?

다른 맵으로 이동하기 위해 '에셋 스토어'에서 제공하는 다양한 무료 맵과 오브젝트를 사용해 봅니다.

01 ZEP(zep.us)에 접속한 후, [로그인] 버튼을 클릭하여 '구글' 또는 '이메일 계정'으로 로그인합니다.

02 [에셋 스토어]-[맵]을 클릭한 후, [ZEP PARK] 맵을 찾아 클릭합니다.

03 맵을 사용하기 위해 [사용하기] 버튼을 클릭하여 구매합니다.

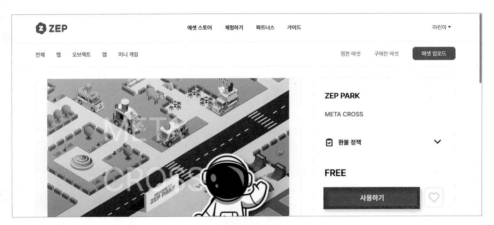

04 맵에서 다른 맵으로 이동하는 것을 표현하기 위해 **02~03**과 같은 방법으로 [ZEP 레스토랑], [ZEP BEACH] 맵도 찾아서 구매합니다.

05 다른 맵으로 이동하는 '문' 이미지가 필요하므로 [에셋 스토어]-[오브젝트]에서 '하늘섬 광장 세트'를 미리 구매해 놓습니다.

PLAY
2 맵 추가하기

'에셋 스토어'에서 구매한 맵을 [맵 에디터( )]에서 추가해 봅니다.

01 맵을 만들기 위해 [홈버튼(ZEP)]을 클릭한 후, [+스페이스 만들기]-[구매한 맵]에서 [ZEP PARK] 를 클릭합니다. '스페이스 설정' 창이 나타나면 '스페이스 이름(마을 구경하기)'을 입력한 후, [만들기] 를 클릭합니다.

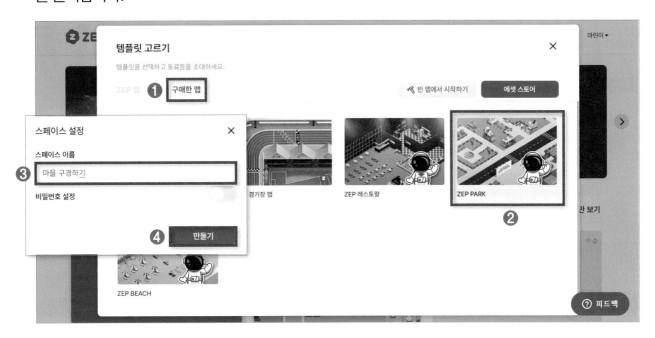

02 맵이 실행되면 [맵 에디터( )]를 클릭하여 '맵 편집' 창으로 이동합니다. 그리고 [맵 관리자]에서 [+ 새 맵 추가하기]를 클릭합니다.

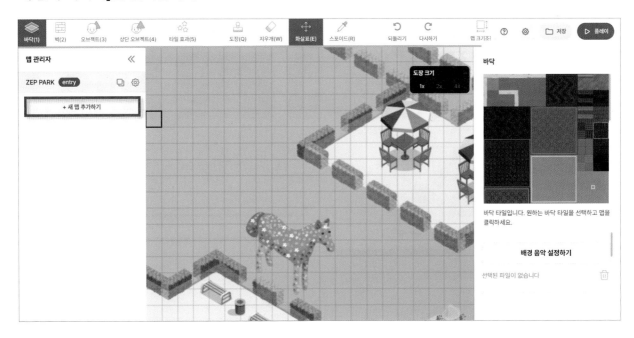

03 '템플릿 고르기' 창이 나타나면 [구매한 맵]에서 [ZEP 레스토랑]을 클릭합니다. '맵 만들기' 창이 나타나면 '이름(ZEP 레스토랑)'을 입력한 후, [만들기]를 클릭합니다.

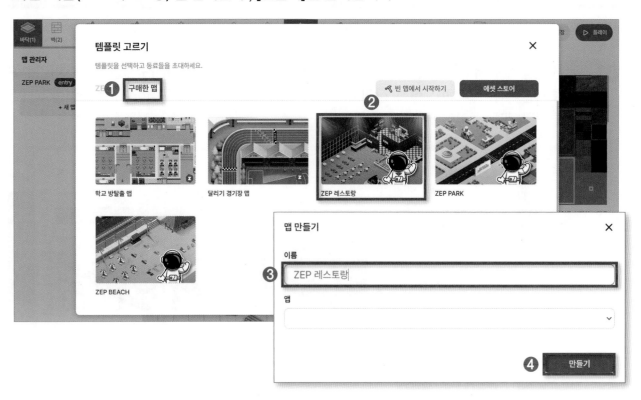

04 **03**과 같은 방법으로 [ZEP BEACH] 맵을 클릭합니다. '맵 만들기' 창이 나타나면 '이름(ZEP 바다)'을 입력한 후, [만들기]를 클릭합니다.

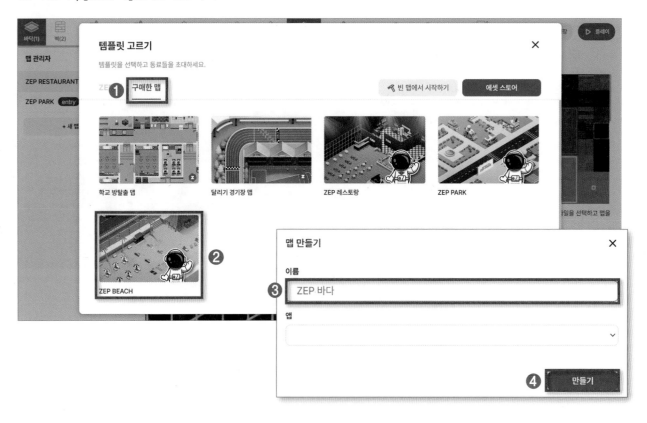

PLAY 3 포털 설치하기

아바타가 공간을 이동하거나 다른 맵으로 이동할 수 있도록 '포털'을 설치해 봅니다.

01 [ZEP PARK]를 선택합니다. 이어서 [오브젝트]-[도장]을 이용하여 '순간 이동' 할 수 있는 위치를 꾸며 주는 '문'을 설치합니다.

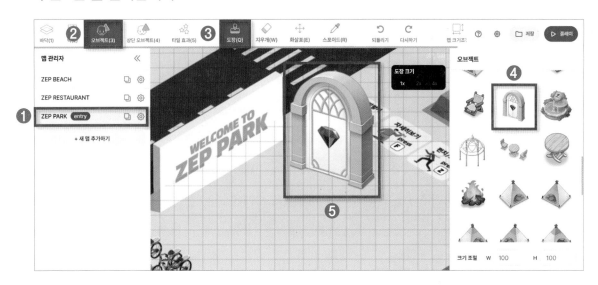

뭐야 뭐야? ZEP 메타버스

Q '문'은 어디에서 찾아서 설치해야 하나요?

A [오브젝트] 도구를 선택하고 목록에서 '하늘 섬 광장 세트' 오브젝트를 클릭해 보세요. 그리고 마음에 드는 '문' 이미지를 찾아 설치해 보세요.

02 포털을 설치하기 위해 [타일 효과]-[도장]-[포털]을 순서대로 클릭합니다. '포털' 창이 나타나면 [스페이스 내 다른 맵으로 이동]을 선택하고, 이동할 맵을 'ZEP RESTAURANT'으로 선택합니다. 이어서 '표시 이름(레스토랑)'을 입력한 후, '문' 앞의 바닥 부분을 클릭하여 '포털'을 설치합니다.

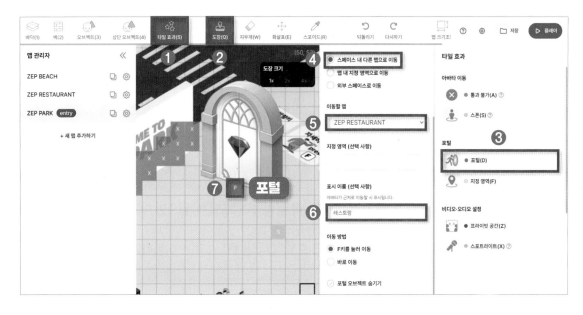

03 [ZEP PARK]에서 포털을 통해 이동할 [ZEP RESTAURANT] 맵을 선택합니다. 이어서 [타일 효과]-[도장]-[스폰]을 순서대로 클릭한 후, 아바타가 '레스토랑'에 입장할 위치에 마우스를 클릭하여 '스폰'을 설치합니다.

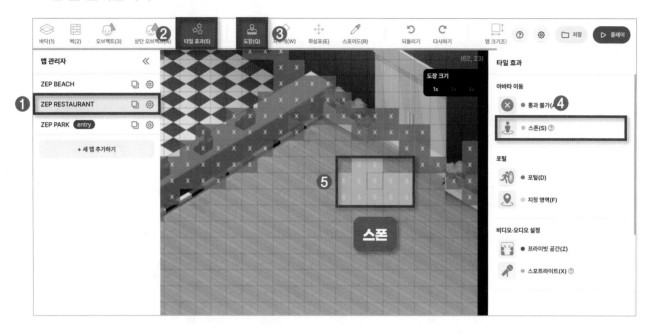

04 '레스토랑'에서 다시 '공원'으로 돌아갈 수 있는 포털도 설치해야 하므로, [타일 효과]-[도장]-[포털]을 클릭합니다. '포털' 창에서 [스페이스 내 다른 맵으로 이동]을 선택하고, 이동할 맵을 'ZEP PARK'로 선택합니다. 이어서 '표시 이름(공원)'을 입력하고, '스폰' 근처에 '포털'을 설치합니다.

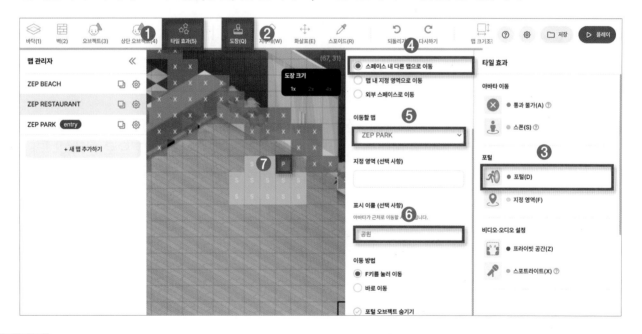

모두 모두 ZEP 크리에이터 💎

◆ '포털' 이동 방법에는 키보드에서 'F 키를 눌러서 이동' 하는 방법과 '포털'에 닿으면 '바로 이동' 하는 방법이 있습니다.

◆ '포털' 창에서 [포털 오브젝트 숨기기]를 체크하면 맵에 포털이 나타나지 않지만, 이동하기 기능은 실행됩니다.

05 [ZEP PARK]와 [ZEP BEACH] 맵에서도 서로 이동할 수 있도록 **01~04**과 같은 방법으로 '포털'과 '스폰'을 설치합니다.

 **ZEP 크리에이터** 💎

- ◆ [ZEP BEACH]에 스폰 설치하기 : 아바타가 '바다'에 입장할 위치를 찾아 '스폰'을 설치합니다.
- ◆ [ZEP BEACH]에 포털 설치하기 : 아바타가 다시 '공원'으로 이동할 수 있도록 '포털'을 설치합니다.

06 완성한 맵을 확인한 후, [플레이(▷ 플레이)]를 클릭하여 친구들과 함께 테스트해 봅니다.

07 테스트가 끝나면 [스페이스 나가기(Z)]-[홈으로 가기(🏠)]를 클릭한 후, 계정 [로그아웃]을 합니다.

플·ZEP·플

01 여러분이 생활하는 동네와 비슷한 다양한 맵을 구매한 후, [새 맵을 추가하기]를 하여 메타버스 공간을 만들어 봅니다.

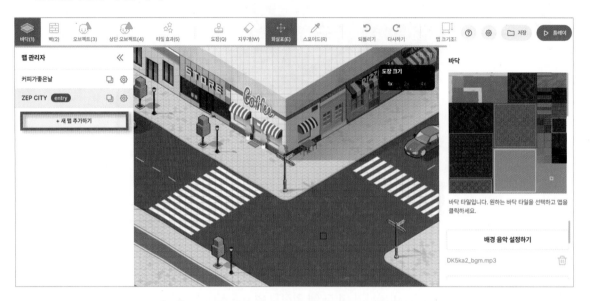

 사용할 맵은 '에셋 스토어'에서 무료로 구매하는거 잊지 않았지요?
[+스페이스 만들기]를 클릭한 후, [맵 관리자]에서 구매한 맵을 추가해 보아요.
그리고 자신이 원하는 대로 맵을 꾸며 보아요.

02 각각의 맵에 '포털'과 '스폰'을 설치하여 서로 이동할 수 있도록 만들어 봅니다.

 [타일 효과]-[포털]을 이용하여 다른 맵으로 이동할 수 있게 만들어 보아요.

06

쉿! 프라이빗 공간 만들기

학습목표

◆ 프라이빗 공간을 만들어 친구와 비공개로 이야기를 나누어 봅니다.

◆ 프라이빗 공간을 수정하거나 삭제할 수 있습니다.

◆ '휴게실' 맵을 완성한 후, 친구들과 함께 플레이합니다.

배울 내용 미리보기 ⚡

ZEP 주요 기능
● 오브젝트 구매
● 맵 에디터
● 오브젝트 추가/삭제
● 통과 불가
● 프라이빗 영역

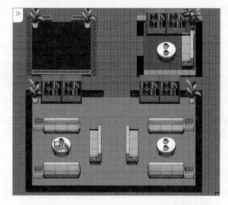
▲ 맵 만들기

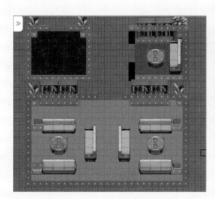
▲ 통과 불가 적용하기

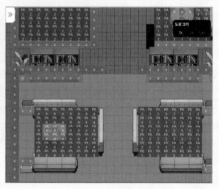
▲ 프라이빗 영역 적용하기

 ZEP 젭할 사람 모두 모여라!

이번 시간에는 친구들과 비밀 이야기를 할 수 있는 프라이빗 공간을 만들어 보려고 해요. 프라이빗 공간 안에 있는 친구와 밖에 있는 친구는 아무리 가까이에 있어도 서로 소통할 수 없고요. 프라이빗 공간에 함께 있는 친구끼리만 소통할 수 있습니다. 자, 그럼 속닥속닥 우리끼리만 이야기할 수 있는 비공개 공간을 만들어 볼까요?

프라이빗 공간을 만들기 위해 '에셋 스토어'에서 제공하는 무료 오브젝트를 사용해 봅니다.

01 ZEP(zep.us)에 접속한 후, [로그인] 버튼을 클릭하여 '구글' 또는 '이메일 계정'으로 로그인합니다.

02 프라이빗 공간을 만들기 위해 [에셋 스토어]-[오브젝트]를 클릭한 후, [학교 휴게실 오브젝트 세트] 오브젝트를 찾아 클릭합니다.

03 오브젝트를 사용하기 위해 [사용하기] 버튼을 클릭하여 구매합니다.

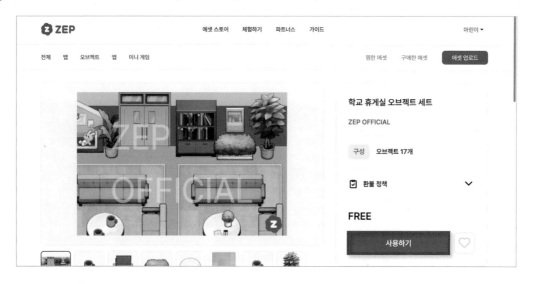

04 추가로 사용하고 싶은 오브젝트가 있는지 살펴본 후, 구매합니다.

2 PLAY 휴게실 맵 만들기

휴게실에 프라이빗 공간을 만들기 위해 오브젝트를 이용하여 맵을 만들어 봅니다.

01 맵을 만들기 위해 [홈버튼(ZEP)]을 클릭한 후, [+스페이스 만들기]-[빈 맵에서 시작하기]를 클릭합니다. '스페이스 설정' 창이 나타나면 '스페이스 이름(휴게실)'을 입력한 후, [만들기]를 클릭합니다.

02 맵이 실행되면 다음 그림과 같이 [바닥], [벽]을 활용하여 휴게실 '바닥'을 완성합니다.

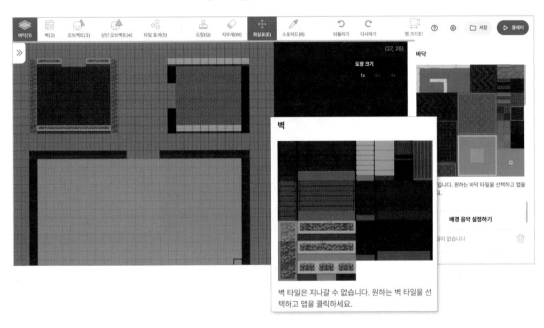

03 구매해 둔 [오브젝트]와 [상단 오브젝트]를 이용하여 맵을 꾸며 봅니다.

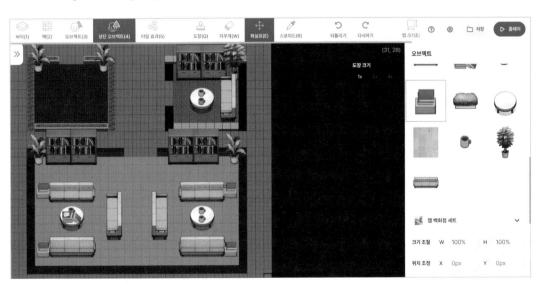

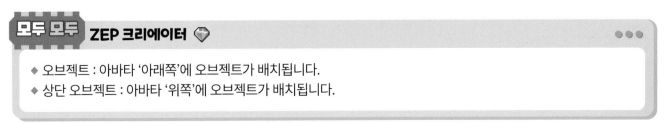

모두 모두 ZEP 크리에이터 ◇

◆ 오브젝트 : 아바타 '아래쪽'에 오브젝트가 배치됩니다.
◆ 상단 오브젝트 : 아바타 '위쪽'에 오브젝트가 배치됩니다.

타일 효과로 프라이빗 공간 만들기

타일 효과를 이용하여 '통과 불가' 영역과 '프라이빗 공간'을 만들어 봅니다.

01 [타일 효과]-[도장]-[통과 불가] 타일 효과를 이용하여 이동할 수 없는 '벽'을 만들어 봅니다.

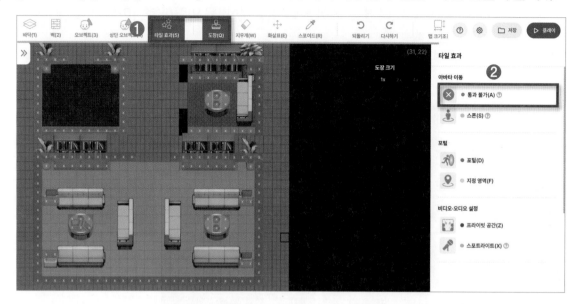

02 [타일 효과]-[도장]-[프라이빗 공간]을 클릭한 후, [영역 ID]를 '1'로 입력하여 휴게실 타일에 적용해 봅니다.

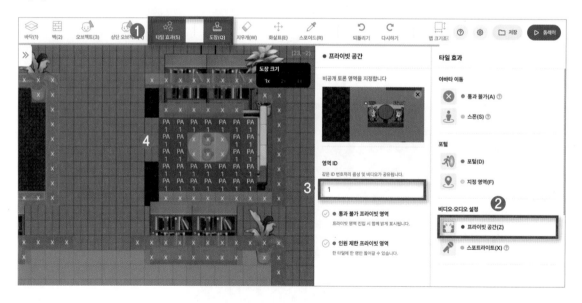

03 '영역 ID'가 다른 프라이빗 공간을 추가해 봅니다.

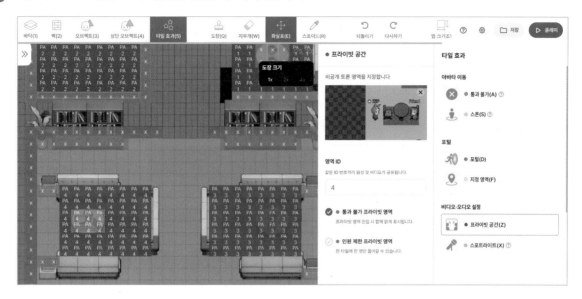

04 완성한 맵을 확인한 후, [플레이(▷ 플레이)]를 클릭하여 친구들과 함께 테스트해 봅니다.

05 테스트가 끝나면 [스페이스 나가기(Ｚ)]-[홈으로 가기(⌂)]를 클릭한 후, 계정 [로그아웃]을 합니다.

모두 모두 ZEP 크리에이터 💎

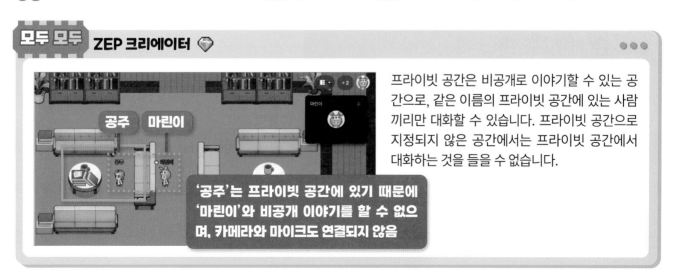

'공주'는 프라이빗 공간에 있기 때문에 '마린이'와 비공개 이야기를 할 수 없으며, 카메라와 마이크도 연결되지 않음

프라이빗 공간은 비공개로 이야기할 수 있는 공간으로, 같은 이름의 프라이빗 공간에 있는 사람끼리만 대화할 수 있습니다. 프라이빗 공간으로 지정되지 않은 공간에서는 프라이빗 공간에서 대화하는 것을 들을 수 없습니다.

01 [+스페이스 만들기]-[빈 맵에서 만들기]를 클릭하여 서로 떨어져 있는 공간을 만들어 봅니다.

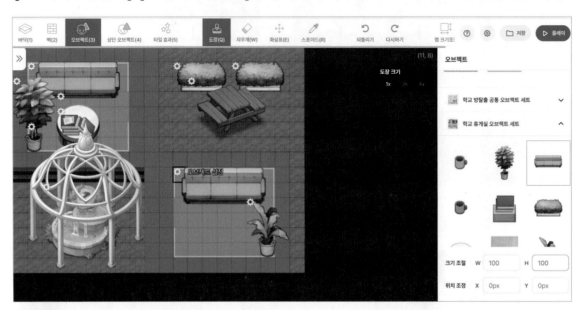

 [타일 효과]-[통과 불가] 효과를 적용하면 이동할 수 없는 '벽'을 만들 수 있어요.

02 '영역 ID'가 같은 프라이빗 영역을 두 공간에 적용한 후, 친구를 초대하여 대화를 진행해 봅니다.

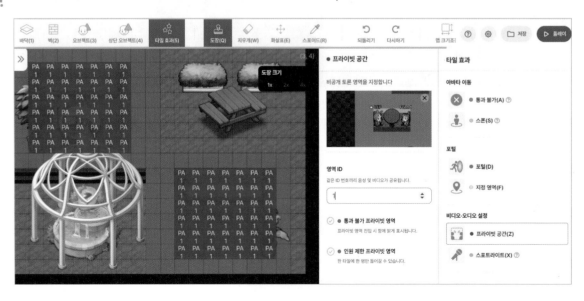

 프라이빗 공간 ID가 같은 경우, 서로 떨어진 공간에서일지라도 비공개로 이야기 할 수 있답니다.

반짝! 스포트라이트 공간 만들기

학습목표

◆ '타일 효과'에 추가된 '스포트라이트 공간'에 대해 이해합니다.
◆ 스포트라이트 공간을 만들어 방문자를 상대로 방송을 진행해 봅니다.
◆ '교실', '방송실' 맵을 완성한 후, 친구들과 함께 플레이합니다.

배울 내용 미리보기 ⚡

ZEP 주요 기능

◎ 에셋 스토어
◎ 오브젝트 구매
◎ 맵 에디터
◎ 오브젝트 추가/삭제
◎ 통과 불가
◎ 스포트라이트 영역

▲ 맵 만들기

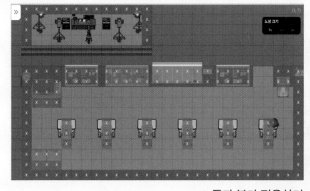

▲ 통과 불가 적용하기

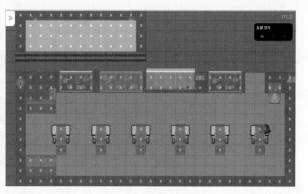

▲ 스포트라이트 영역 적용하기

 ZEP 젭할 사람 모두 모여라! ♥

ZEP에서는 마이크와 카메라 기능을 켜거나 끌 수 있어요. 만약 이 기능을 켜고 있는 상태에서 다른 아바타를 만나게 되면 영상 채팅을 할 수 있는 기능이 자동으로 실행되지요. 이번 시간에는 맵에 방문한 아바타 모든 친구들에게 화상으로 이야기를 전달할 수 있는 '스포트라이트 영역'을 활용해 볼 거예요. 스포트라이트 영역에 들어가서 이야기를 하면 방문자 모두에게 그 음성이 들리게 되는데요. 방송을 하거나 공지사항을 전달하기에 좋은 기능이랍니다. 그럼 함께 만들어 보기로 해요.

스포트라이트 공간을 만들기 위해 '에셋 스토어'에서 제공하는 무료 오브젝트를 사용해 봅니다.

01 Zep(Zep.us)에 접속한 후, [로그인] 버튼을 클릭하여 '구글' 또는 '이메일 계정'으로 로그인합니다.

02 스포트라이트 공간을 만들기 위해 [에셋 스토어]-[오브젝트]를 클릭한 후, [학교 교실 오브젝트 세트]를 찾아 클릭합니다.

03 오브젝트를 사용하기 위해 [사용하기] 버튼을 클릭하여 구매합니다.

04 02~03과 같은 방법으로 [촬영 스튜디오 오브젝트 세트] 오브젝트도 구매합니다.

오브젝트를 이용하여 수업할 수 있는 '교실'과 방송할 수 있는 '방송실' 맵을 만들어 봅니다.

01 맵을 만들기 위해 [홈버튼(🔵 ZEP)]을 클릭한 후, [+스페이스 만들기]-[빈 맵에서 시작하기]를 클릭합니다. '스페이스 설정' 창이 나타나면 '스페이스 이름(방송실)'을 입력한 후, [만들기]를 클릭합니다.

02 맵이 실행되면 [맵 크기조정]을 클릭하여 '너비(30)', '높이(20)'를 입력한 후 [바닥], [벽]을 활용하여 '교실 바닥'과 '방송실 바닥'을 완성합니다.

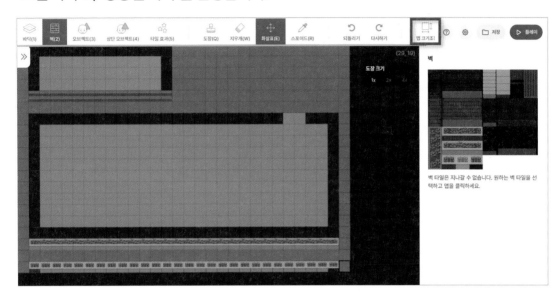

03 [오브젝트]와 [상단 오브젝트]를 이용하여 맵을 꾸며 봅니다.

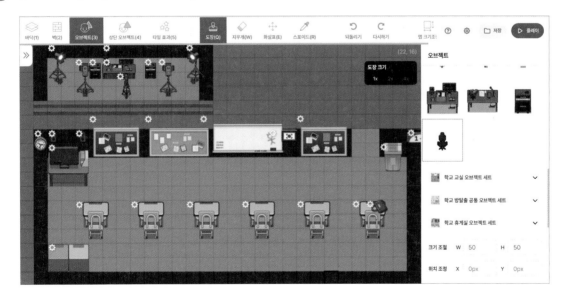

뭐야 뭐야? ZEP 메타버스

Q 오브젝트 크기는 어떻게 바꾸나요?

A '크기조절'에서 'W'와 'H' 값을 바꾸면 오브젝트의 크기가 바뀐답니다.

타일 효과로 스프라이트 공간 만들기

타일 효과를 이용하여 '통과 불가' 영역과 '스포트라이트 공간'을 만들어 봅니다.

01 [타일 효과]-[도장]-[통과 불가] 효과를 이용하여 이동할 수 없는 '벽'을 만들어 봅니다.

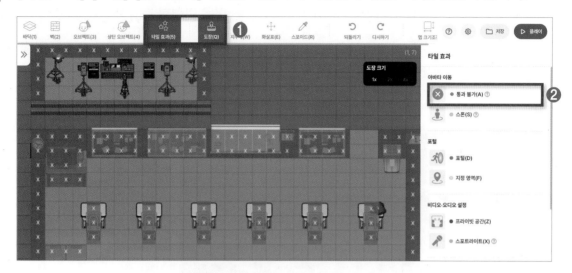

02 [타일 효과]-[도장]-[스포트라이트]를 클릭한 후, '방송실' 타일에 적용해 봅니다.

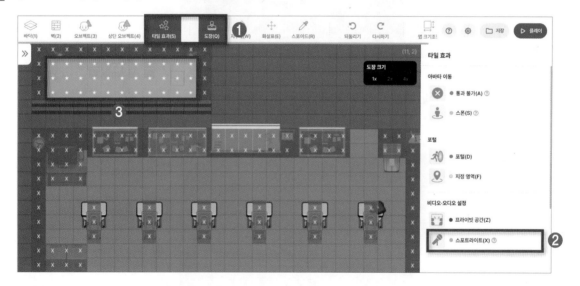

모두 모두 ZEP 크리에이터 ◇

◆ 스포트라이트 영역은 마이크와 스피커가 연결되어 있어야 사용할 수 있는 공간이므로, 컴퓨터에 헤드셋을 연결한 후 사용합니다.

◆ 아바타가 스포트라이트 영역으로 들어가 마이크를 통해 이야기를 하면, 맵에 있는 모든 참여자가 이야기를 들을 수 있습니다.

03 완성한 맵을 확인한 후, [플레이(▷ 플레이)]를 클릭하여 친구들과 함께 테스트해 봅니다.

04 테스트가 끝나면 [스페이스 나가기(z)]-[홈으로 가기(⌂)]를 클릭한 후, 계정 [로그아웃]을 합니다.

01 [+스페이스 만들기]-[빈 맵에서 만들기]를 클릭하여 '무대' 맵으로 꾸며 봅니다.

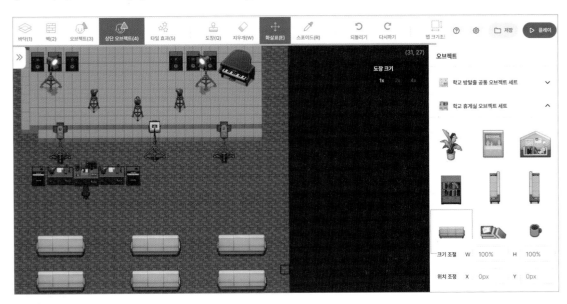

'학교 음악실 오브젝트 세트, 학교 실내 체육관 오브젝트 세트, 촬영 스튜디오 오브젝트 세트, 학교 휴게실 오브젝트 세트'를 활용하여 만들어요.

02 맵을 완성한 후 '스포트라이트 영역'을 무대에 추가하고, 친구를 맵으로 초대하여 무대에서 공연을 진행해 봅니다.

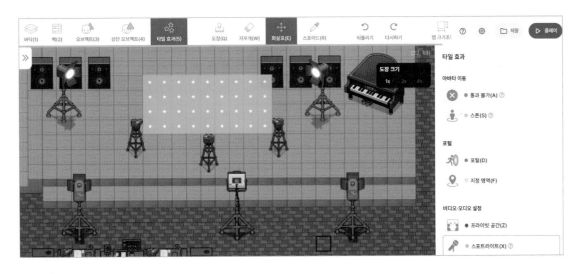

마이크를 켜고 스포트라이트 영역에서 노래를 부르면, 맵에 방문한 친구들 모두에게 노래를 들려줄 수 있어요.

08 랄랄라~ 유튜브 영상 추가하기

- 유튜브 사이트에 업로드되어 있는 영상을 복사합니다.
- 유튜브에서 복사한 영상을 맵에 추가합니다.
- 'K팝 전시회' 맵을 완성한 후, 친구들과 함께 플레이합니다.

배울 내용 미리보기

ZEP 주요 기능

- 오브젝트 구매
- 맵 만들기
- 유튜브 주소 복사
- 맵에 유튜브 영상 추가
- 유튜브 플레이

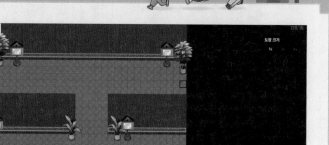

▲ 맵 만들기

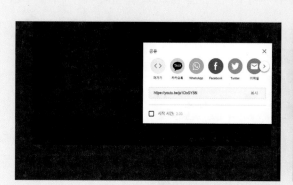

▲ 유튜브 영상 주소 복사하기

▲ 영상 확인하기

 ZEP 젭할 사람 모두 모여라!

여러분, K팝 즐겨 듣고 있나요? 가장 좋아하는 가수는 누구인가요? 이번 시간에는 K팝 영상을 상영하고 있는 '전시관' 맵을 만들어 볼 거예요. 먼저 맵과 오브젝트를 이용해 전시관을 만든 후, 유튜브에 있는 K팝 영상을 추가해 보기로 해요. 혹시 '어려운 거 아니야?'라고 생각하는 친구들이 있나요? 유튜브 사이트에 접속하여 마음에 드는 뮤직비디오의 주소를 복사한 후, 간단한 방법으로 맵에 유튜브 영상을 추가할 수 있답니다. 그럼, 랄랄라~ 신나는 K팝 전시를 시작해 볼까요?

1 PLAY '**K팝 전시관' 맵 만들기**

'에셋 스토어'에서 제공하는 무료 오브젝트를 사용하여 'K팝 전시관' 맵을 만들어 봅니다.

01 ZEP(zep.us)에 접속한 후, [로그인] 버튼을 클릭하여 '구글' 또는 '이메일 계정'으로 로그인합니다.

02 전시관 맵을 만들기 위해 [홈버튼(🅏 ZEP)]을 클릭한 후, [+스페이스 만들기]-[빈 맵에서 시작하기]를 클릭합니다. '스페이스 설정' 창이 나타나면 '스페이스 이름(K팝 전시관)'을 입력한 후, [만들기]를 클릭합니다.

03 맵이 실행되면 [맵 크기조정]을 클릭하여 '너비(30)', '높이(30)'를 입력한 후, 다음 그림과 같이 [바닥]과 [벽] 도구를 활용하여 배경을 완성해 봅니다.

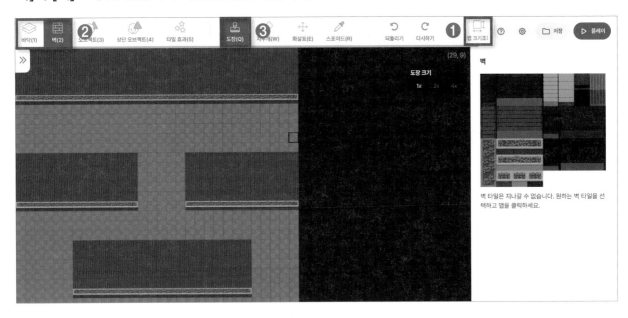

04 '젭 백화점 세트'를 구매한 후, [오브젝트]와 [상단 오브젝트]를 이용하여 'K팝 전시관' 맵을 꾸며 봅니다.

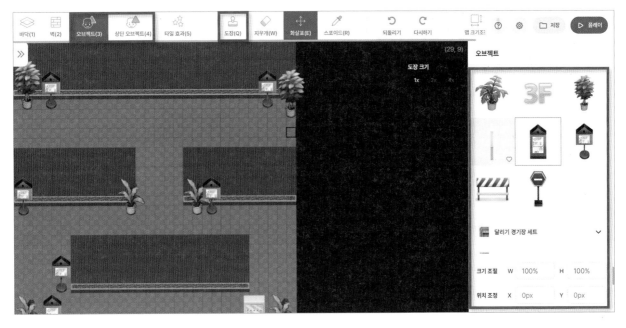

유튜브에서 뮤직비디오를 검색한 후, 주소를 복사하여 'K팝 전시관'에 설치해 봅니다.

01 유튜브(https://www.youtube.com/)에 접속한 후, 'K팝 전시관'에 추가하고 싶은 뮤직비디오를 검색합니다. 이어서 검색된 뮤직 비디오를 클릭합니다.

02 뮤직비디오 주소를 복사하기 위해 [공유]-[복사]를 클릭한 후, 다시 'ZEP' 페이지로 이동합니다.

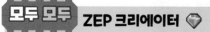 ZEP 크리에이터 ◇

유튜브에 업로드되어 있는 영상은 [공유]-[복사]를 클릭하여 주소를 복사할 수 있습니다. 이렇게 복사한 영상은 쓰임의 종류에 따라 다양한 형태로 맵에 게시할 수 있습니다.

03 뮤직비디오를 'K팝 전시관'에 추가하기 위해 [타일 효과]-[도장]-[유튜브]를 클릭한 후, 복사한 뮤직비디오 주소를 '연결할 유튜브 URL'에 붙여 넣습니다. 이어서 '너비(10)'와 '높이(10)'를 입력한 후, 전시관 벽 부분을 클릭하여 뮤직비디오를 추가합니다.

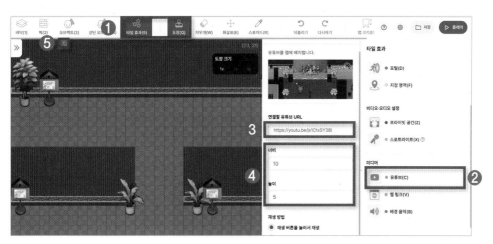

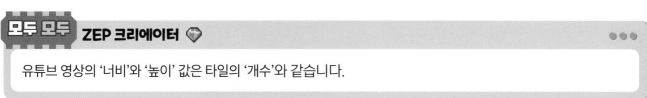

모두 모두 ZEP 크리에이터 ◇

유튜브 영상의 '너비'와 '높이' 값은 타일의 '개수'와 같습니다.

04 [플레이]를 클릭하여 추가된 영상을 확인한 후, 유튜브에서 다른 뮤직비디오도 검색하여 'K팝 전시관'에 추가해 봅니다.

뭐야 뭐야? ZEP 메타버스

Q 영상은 어떻게 재생할 수 있어요?
A 유튜브에서처럼 플레이 버튼을 클릭하면 재생이 돼요. 영상이 재생되고 있는 상태에서 다른 영상을 재생해도 먼저 재생된 영상은 자동으로 멈추지 않아요. 이러한 점을 주의해서 플레이 버튼을 눌러 주세요.

05 완성한 맵을 확인한 후, [플레이(▷ 플레이)]를 클릭하여 친구들과 함께 테스트해 봅니다.

06 테스트가 끝나면 [스페이스 나가기(Z)]-[홈으로 가기(🏠)]를 클릭한 후, 계정 [로그아웃]을 합니다.

01 [+스페이스 만들기]-[빈 맵에서 만들기]를 클릭하여 맵 크기를 '너비(15), 높이(15)'로 바꾼 후, 텔레비전이 있는 방으로 꾸며 봅니다.

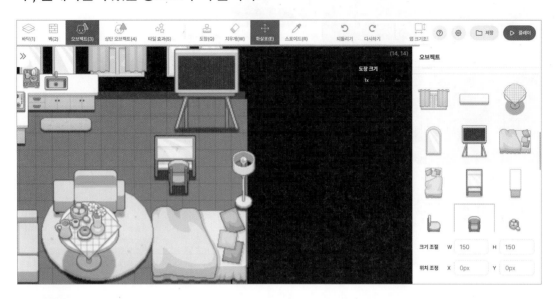

- '에셋 스토어'에서 '레몬 옐로우 원룸 세트'를 구입한 후, 활용해 보아요.
- 오브젝트 크기를 조절하며 맵을 꾸며 보아요.

02 [타일 효과]-[도장]-[유튜브]를 활용하여 텔레비전 화면에 유튜브 영상을 추가해 봅니다.

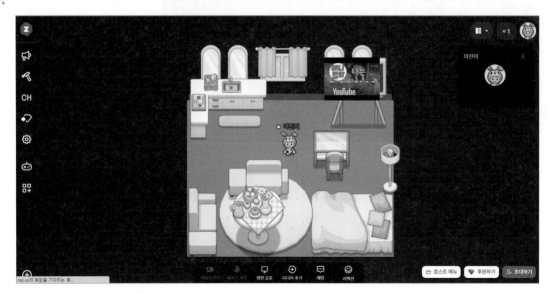

유튜브(https://www.youtube.com/)에 접속하여 원하는 영상을 찾아 주소를 복사한 후, 맵에 결합시켜 보아요.

2
· START ·

ZEP 크리에이트
스타터

09 숲속 비밀의 집 소개하기

학습목표

- ZEP에서 제공하는 맵과 오브젝트를 활용하여 공간을 꾸밉니다.
- '포털'과 '지정 영역'을 설치합니다.
- 오브젝트 속성을 활용하여 말풍선을 추가할 수 있습니다.
- '비밀의 집' 맵을 완성한 후, 친구들과 함께 플레이합니다.

배울 내용 미리보기 ⚡

ZEP 주요 기능

- 스페이스 만들기
- 에셋 스토어
- 맵 꾸미기
- 타일 효과
- 오브젝트 속성

▲ 맵 만들기

▲ 타일 효과 적용하기

▲ 오브젝트 속성 변경하기

 ZEP 젭할 사람 모두 모여라!

여러분, 자신이 직접 꾸민 집에 친구를 초대하면 어떨까요? 매우 신날 것 같은데요. 이번 시간에는 ZEP 맵과 오브젝트를 이용하여 나만의 공간을 만들어 보아요. 포털과 지정 영역을 이용하여 '내 맵' 안에서 순간 이동할 수 있게 하고요. 또, 놀러 온 친구들에게 나만의 공간을 소개하기 위한 말풍선 표시도 나타나게 만들어 보아요.

1 PLAY ZEP 맵 사용하기

ZEP에서 제공하는 맵을 사용해 '비밀의 집'을 만들어 봅니다.

01 ZEP(zep.us)에 접속한 후, [로그인] 버튼을 클릭하여 '구글' 또는 '이메일 계정'으로 로그인합니다.

02 맵을 만들기 위해 [홈버튼(🅩 ZEP)]를 클릭한 후, [+스페이스 만들기]-[ZEP 맵]-[숲 속 비밀의 집]을 클릭합니다. '스페이스 설정' 창이 나타나면 '스페이스 이름(비밀의 집)'을 입력한 후, [만들기]를 클릭합니다.

03 맵이 실행되면 [맵 에디터(🔧)]를 클릭하여 '맵 편집' 창으로 이동한 후, '비밀의 집'을 꾸밀 오브젝트를 가져오기 위해 [오브젝트]-[에셋 스토어]를 클릭합니다.

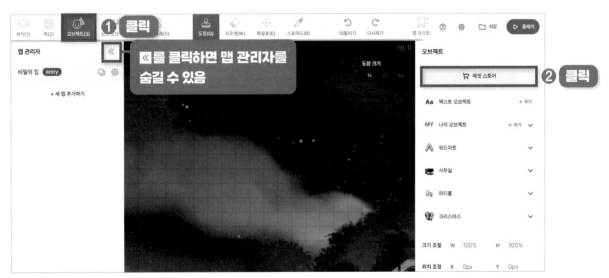

뭐야 뭐야? ZEP 메타버스

Q 오브젝트는 맵을 만들기 전에 구매해야 하지 않나요?

A '맵 편집' 창에서도 오브젝트를 구매할 수 있으니, 미리 구매하지 않아도 괜찮아요.

숲속 비밀의 집 소개하기 **61**

2 PLAY '비밀의 집' 맵 꾸미기

'에셋 스토어'에서 필요한 오브젝트를 구매한 후, 맵을 완성해 봅니다.

01 '인터넷' 창이 하나 더 열리면 [에셋 스토어]-[오브젝트]에서 [숲 속 비밀의 집]을 찾아 클릭합니다. 구매 창이 열리면 [사용하기]를 클릭하고, 비밀의 집 '맵 편집' 창으로 돌아갑니다.

뭐야 뭐야? ZEP 메타버스

Q 오브젝트를 구매한 후, '에셋 스토어' 창을 닫아도 되나요?
A 네, 더 이상 구매할 필요가 없다면 인터넷 창은 닫아도 됩니다.
Q 작업하던 '맵 에디터' 창을 실수로 닫았는데, 어떻게 해야 하나요?
A [홈버튼(🅩 ZEP)]를 클릭하면 작업 중이던 맵이 저장되어 있는 것을 확인할 수 있어요.

02 구매한 오브젝트를 확인하기 위해 키보드에서 'F5 키'를 눌러 창을 '새로고침'합니다.

03 [오브젝트]와 [상단 오브젝트]를 이용하여 '비밀의 집' 맵을 꾸며 봅니다.

04 [타일 효과]를 이용하여 [통과 불가] 영역을 자유롭게 수정하고, 필요한 위치에 [포털]과 [지정역역]을 설치해 봅니다. 이때, '포털'의 지정 영역과 '지정 영역'의 영역 이름은 똑같이 입력합니다.

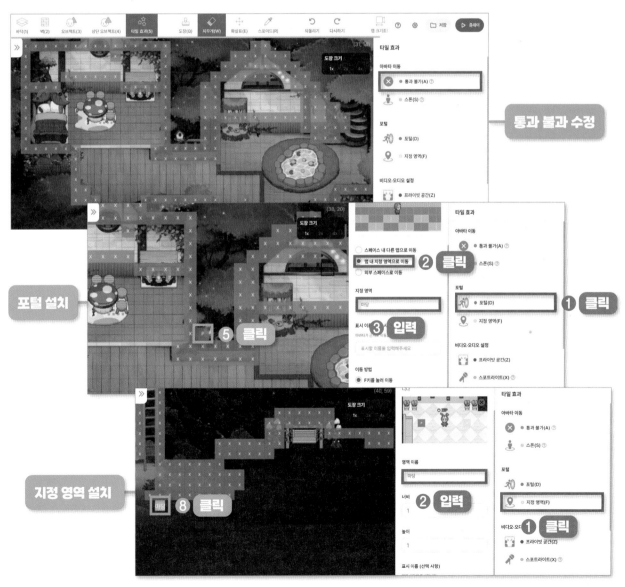

오브젝트 속성의 '말풍선 표시'를 이용하여 '비밀의 집'을 소개해 봅니다.

01 오브젝트에 말풍선을 추가하기 위해 [오브젝트]-[도장]을 선택한 후, 말풍선을 추가할 오브젝트의 [설정(⚙)]을 클릭하고, '오브젝트 설정' 창이 나타나면 [표시 기능]-[말풍선 표시]를 클릭합니다.

02 침대에 캐릭터가 가까이 오면 '말풍선 텍스트'가 나타나도록 '이름(침대)'과 '말풍선 텍스트(비밀의 집에서 포근하게 쉴 수 있는 침대야.)'를 입력합니다. 그리고 '실행 방법'은 바로 실행되도록 '바로 실행'을 클릭합니다.

뭐야 뭐야? ZEP 메타버스

Q '실행 범위'는 무엇인가요?

A '실행 범위'는 '기능 오브젝트'의 실행 범위를 뜻합니다. 실행 범위 값이 커질수록 기능 오브젝트임을 나타내는 범위도 넓어집니다. 만약 값이 제일 작은 '0'으로 입력할 경우, 아바타가 오브젝트 바로 앞에 있거나 닿아야 오브젝트가 실행이 됩니다.

03 다른 오브젝트에도 [말풍선 표시]를 적용해 봅니다.

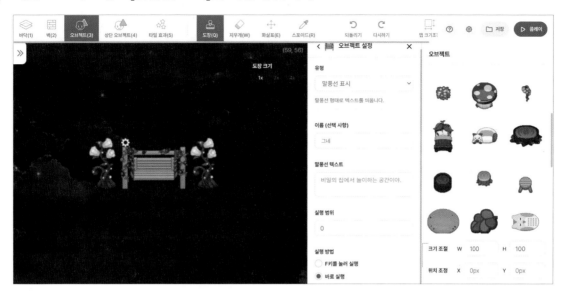

뭐야 뭐야? ZEP 메타버스

Q '맵 에디터'에서 화면을 움직여 다른 위치로 이동하려면 어떻게 해요?
A [화살표(🔀)]를 선택하고, 마우스로 화면을 드래그하면 맵이 이동돼요.

04 완성한 맵을 확인한 후, [플레이(▷ 플레이)]를 클릭하여 친구들과 함께 테스트해 봅니다.

05 테스트가 끝나면 [스페이스 나가기(Z)]-[홈으로 가기(🏠)]를 클릭한 후, 계정 [로그아웃]을 합니다.

뭐야 뭐야? ZEP 메타버스

Q 말풍선의 내용을 수정하고 싶은데요. 어떻게 해야 하나요?
A 수정하고 싶은 오브젝트의 [설정(⚙)]을 클릭하면 말풍선의 내용이나 실행 방법을 수정할 수 있어요.

01 [+스페이스 만들기]-[구매한 맵]-[학교 방탈출 맵]을 클릭하여 맵을 실행한 후, 'NPC(Non Player Character : 플레이 불가능한 캐릭터)'를 여러 곳에 설치해 봅니다.

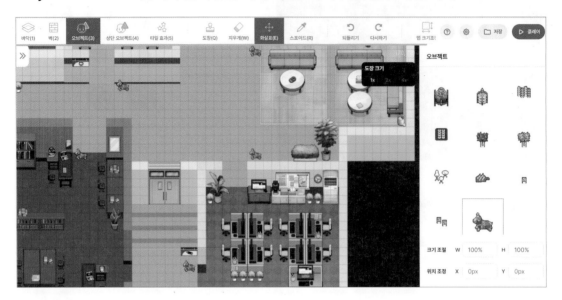

- '맵 에디터'를 클릭하여 '맵 편집' 창으로 이동한 후, 수정해요.
- [오브젝트]-[파티룸]에 위치한 이미지( )를 이용하여 NPC를 설치해 보아요.

02 보건실, 컴퓨터실, 음악실 등 각각의 공간을 설명할 수 있는 말풍선을 'NPC'에 표시해 봅니다.

[오브젝트 설정]-[표시 기능]-[말풍선 표시]를 적용해요.

10 우주 터미널 만들기

학습목표

◆ ZEP에서 제공하는 오브젝트와 맵을 활용하여 공간을 꾸밉니다.
◆ 불필요한 오브젝트는 삭제하고, 필요한 오브젝트를 추가합니다.
◆ '웹사이트 링크' 기능을 활용하여 다른 맵으로 이동해 봅니다.
◆ '우주 터미널' 맵을 완성한 후, 친구들과 함께 플레이합니다.

배울 내용 미리보기

ZEP 주요 기능

◉ 에셋 스토어
◉ 맵 만들기
◉ 타일 효과
◉ 오브젝트 설정
◉ 웹사이트 링크
◉ 플레이

▲ 맵 만들기

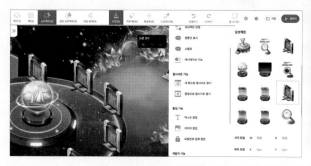

▲ 웹사이트 링크 적용하기

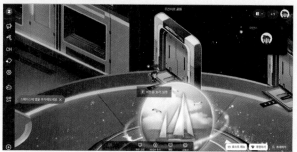

▲ 다른 맵에 놀러 가기

ZEP 젭할 사람 모두 모여라!

여러분, 자신의 맵에 [+초대하기]를 통해 친구를 초대해 보았었죠? 이번 시간에는 '나'의 맵과 '친구'의 맵을 연결하여 언제든지 쉽게 놀러 갈 수 있게 만들어 보려고 해요. 맵과 맵을 연결할 때에 [웹사이트 링크]라는 기능을 사용하는데요. 이 기능은 어떠한 웹페이지든 주소만 있다면 모두 연결할 수 있답니다.

PLAY 1 우주 터미널 맵 만들기

'에셋 스토어'에서 제공하는 무료 오브젝트와 ZEP 맵을 사용해 '우주 터미널'을 만들어 봅니다.

01 ZEP(zep.us)에 접속한 후, [로그인] 버튼을 클릭하여 '구글' 또는 '이메일 계정'으로 로그인합니다.

02 필요한 오브젝트를 구매하기 위해 [에셋 스토어]-[오브젝트]-[우주체험센터 오브젝트 세트]를 클릭합니다. 이어서 구매 창이 나타나면 [사용하기]를 클릭합니다.

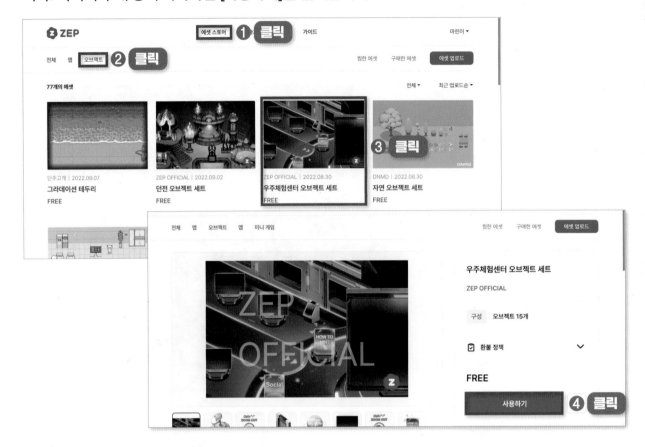

03 맵을 만들기 위해 [홈버튼(ⓩ ZEP)]을 클릭한 후, [+스페이스 만들기]-[ZEP 맵]-[우주체험센터]를 클릭합니다. '스페이스 설정' 창이 나타나면 '스페이스 이름(우주 터미널)'을 입력한 후, [만들기]를 클릭합니다.

04 맵이 실행되면 [맵 에디터(🔧)]를 클릭하여 '맵 편집' 창으로 이동합니다. 이어서 맵을 이동시킬 수 있는 [화살표]를 이용하여 곳곳을 살펴본 후, [오브젝트]-[지우개]를 클릭하여 불필요한 오브젝트를 지웁니다.

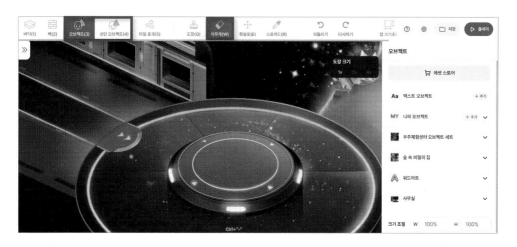

05 [오브젝트]-[도장]을 이용하여 친구 맵으로 이동할 수 있는 입구를 설치해 봅니다.

06 이어서 오브젝트를 이용하여 맵을 꾸민 후, [타일 효과]-[통과 불가]로 타일 효과를 수정해 봅니다.

'웹사이트 기능'을 활용하여 친구의 맵으로 이동하는 터널을 만들어 봅니다.

01 웹사이트 기능을 추가하기 위해 [오브젝트]-[도장]을 선택합니다. 오브젝트의 [설정(⚙)]을 클릭한 후, '오브젝트 설정' 창이 나타나면 [웹사이트 기능]-[새 탭으로 웹사이트 열기]를 클릭합니다.

모두 모두 ZEP 크리에이터 💎

◆ 맵 주소는 '플레이' 창의 '주소 표시줄'에서 확인할 수 있습니다. 자신의 주소를 친구에게 알려 줍니다.

◆ 다음의 주소 표시줄에 입력되어 있는 주소(예 : https://zep.us/play/8Aal7O)가 자신의 맵 주소입니다.

◆ 다음 빈칸에 친구의 맵 주소를 기록해 두었다가 '웹사이트 링크' 칸에 입력해 봅니다.

친구 이름	맵 주소

02 '오브젝트 설정' 창이 나타나면 친구 맵의 '이름(우진이의 공원)'을 입력하고, 기록해 둔 친구의 맵 주소를 '웹사이트 링크'에 입력합니다. 이어서 '실행 방법'을 선택합니다.

모두 모두 **ZEP 크리에이터** 💎

아바타가 '문'에 다가갔을 때 바로 이동하려면 '바로 실행'을 선택하고, 확인 후 이동하려면 'Ｆ' 키를 눌러 실행'을 선택합니다.

03 맵이 완성되면 [플레이(▷ 플레이)]를 클릭한 후, 링크로 연결해 둔 친구의 맵으로 이동해 봅니다.

04 테스트가 끝나면 [스페이스 나가기(Ｚ)]-[홈으로 가기(⌂)]를 클릭한 후, 계정 [로그아웃]을 합니다.

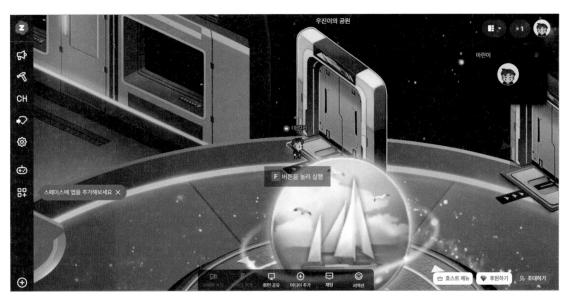

모두 모두 **ZEP 크리에이터** 💎

'웹사이트 링크'는 외부에 있는 '웹사이트'를 연결하는 것이므로, 친구의 맵뿐만 아니라 '네이버'와 같은 검색 엔진이나 다양한 종류의 '웹사이트'에도 연결할 수 있습니다.

01 [+스페이스 만들기]-[ZEP 맵]-[우주체험센터]를 클릭한 후, 모니터에 유튜브 영상을 추가해 봅니다.

유튜브에 접속하여 영상의 [공유] 버튼을 클릭한 후, 주소를 복사해요. 그리고 ZEP의 [타일 효과]-[유튜브]를 이용하여 유튜브 영상을 추가해요. 이때, 영상의 크기는 모니터의 타일 개수와 같게 설정해요.

02 아바타가 모니터에 다가가면 유튜브 영상 페이지가 바로 열리도록 설정해 봅니다.

• [오브젝트 설정]-[웹사이트 기능]-[새 탭으로 웹사이트 열기]를 적용해요.
• [실행 방법]은 '바로 실행'을 선택해요.

11 공원 달리기 게임 맵 만들기

학습목표

◆ ZEP 맵을 활용하여 '달리기 게임' 경로를 만들어 봅니다.
◆ '달리기 게임'에 알맞은 타일 효과를 적용합니다.
◆ '공원 달리기' 맵을 완성한 후, 친구들과 함께 플레이합니다.

배울 내용 미리보기 ⚡

ZEP 주요 기능

◉ 에셋 스토어
◉ ZEP 맵
◉ 경로 만들기
◉ 타일 효과
◉ 플레이
◉ 미니 게임

▲ 달리기 게임 경로 만들기

▲ 타일 영역 설정하기

▲ 게임 실행하기

 ZEP 젭할 사람 모두 모여라! ♥

여러분이 생활하는 동네에 산책할 수 있는 길이나 공원이 있나요? 이번 시간에는 친구들과 함께 공원 산책길에서 '달리기 게임'을 할 수 있는 맵을 만들어 보기로 해요. 달리기 게임을 진행하기 위해서는 '시작' 지점에서부터 '끝' 지점까지 아바타가 이동할 수 있는 '경로'를 만들어야 한답니다. 또, 타일에 '시작'과 '끝' 위치를 설정해야 하고요. 이렇게 맵을 완성한 후, 친구들과 함께 모여 게임을 진행해 볼까요?

일정한 시간 동안 달리기 하는 게임을 진행하려면 타일에 '시작, 도착, 준비' 위치를 설정해야 합니다.

01 ZEP(zep.us)에 접속한 후, [로그인] 버튼을 클릭하여 '구글' 또는 '이메일 계정'으로 로그인합니다.

02 필요한 오브젝트를 구매하기 위해 [에셋 스토어]-[오브젝트]-[달리기 경기장 세트]를 클릭한 후, 구매
창이 나타나면 [사용하기]를 클릭합니다.

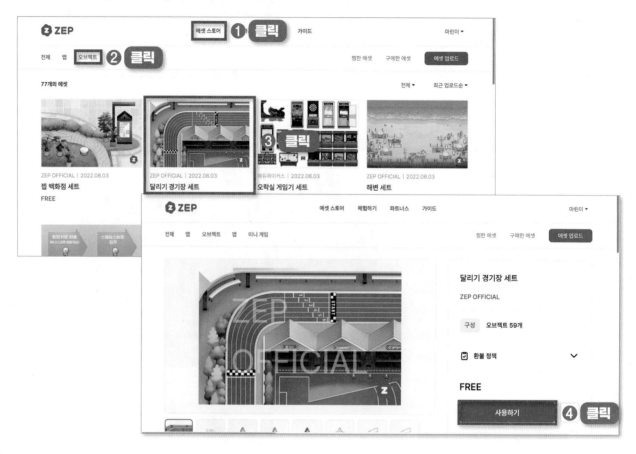

03 공원에서 달리기 하는 게임을 만들기 위해 [홈버튼(**ZEP**)]를 클릭한 후, [+스페이스 만들기]-[ZEP
맵]-[공원/피크닉]을 클릭합니다. '스페이스 설정' 창이 나타나면 '스페이스 이름(공원 달리기)'을 입
력한 후, [만들기]를 클릭합니다.

04 맵이 실행되면 [맵 에디터(🔧)]를 클릭하여 '맵 편집' 창으로 이동합니다. [오브젝트]-[도장]-[달리기 경기장 세트]에서 고깔 모양의 장애물을 찾아 맵에 설치하여 이동할 경로를 나타냅니다.

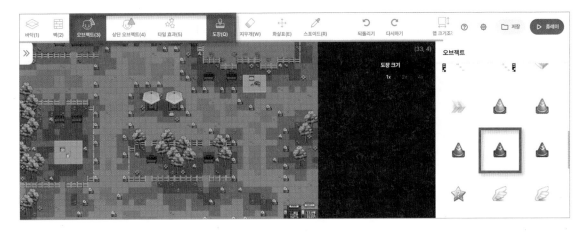

05 [타일 효과]-[통과 불과]를 이용하여 달리기를 할 수 있는 경로를 만들어 봅니다.

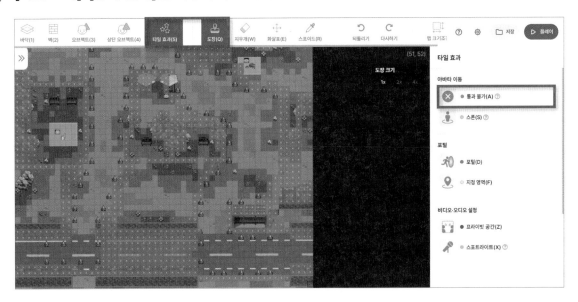

06 맵의 '왼쪽 맨 아래' 부분에 달리기를 시작할 위치를 설정하기 위해 [타일 효과]-[도장]-[지정 영역]에서 '영역 이름(race_start_point)', '너비(5)', '높이(4)'를 입력한 후, 타일에 적용합니다.

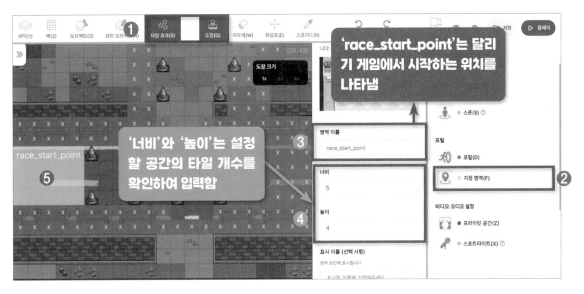

07 달리기를 끝낼 위치를 설정하기 위해 [타일 효과]-[도장]-[지정 영역]에서 '영역 이름(race_finish_point)', '너비(7)', '높이(4)'를 입력한 후, 타일에 적용합니다.

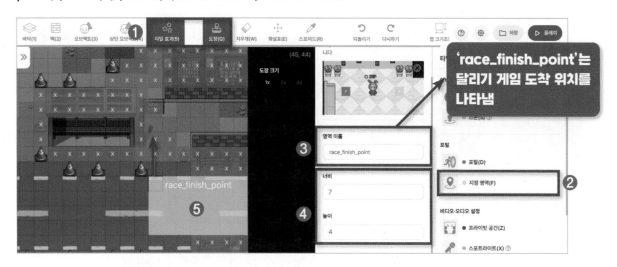

'race_finish_point'는 달리기 게임 도착 위치를 나타냄

08 달리기가 끝나면 모일 위치를 설정하기 위해 [타일 효과]-[도장]-[지정 영역]에서 '영역 이름(race_end_point)', '너비(10)', '높이(9)'를 입력한 후, 타일에 적용합니다.

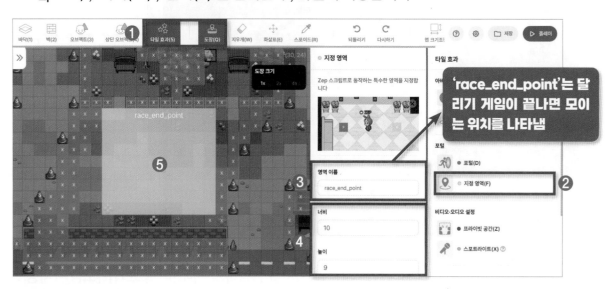

'race_end_point'는 달리기 게임이 끝나면 모이는 위치를 나타냄

모두 모두 ZEP 크리에이터 💎

지정 영역에 '영역 이름(명령어)'을 입력하면, 다양한 효과를 적용할 수 있습니다. 달리기 게임에서 사용되는 지정 영역 효과에 대해 알아봅니다.

- race_start_point : 달리기 시작 위치
- race_finish_point : 달리기 끝 위치
- race_end_point : 달리기 종료 후 모이는 위치
- speed_set_40 : 달리기 경주 시 달리는 속도를 '40'으로 설정
- speed_set_60 : 달리기 경주 시 달리는 속도를 '60'으로 설정
- speed_set_140 : 달리기 경주 시 달리는 속도를 '140'으로 설정
- speed_set_160 : 달리기 경주 시 달리는 속도를 '160'으로 설정
- speed_set_random : 달리기 경주 시 달리는 속도를 랜덤으로 설정

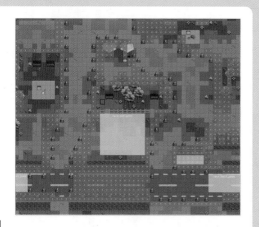

2 PLAY 달리기 게임 진행하기

친구들을 자신의 맵으로 초대한 후, 달리기 게임을 진행해 봅니다.

01 [타일 효과]-[도장]-[스폰]을 클릭하여 아바타가 나타날 위치를 설정한 후, [플레이(▷ 플레이)]를 클릭하여 친구들을 초대합니다.

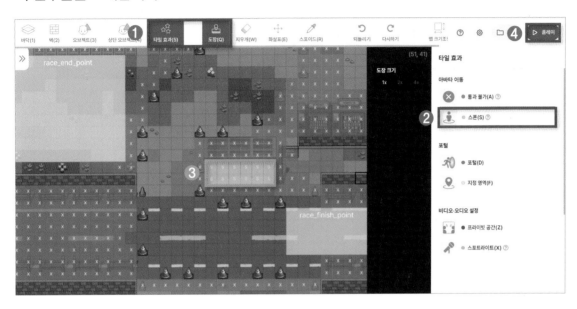

02 친구들이 모두 모이면 [미니 게임(🎮)]을 클릭합니다. '미니 게임' 창이 나타나면 [달리기]를 클릭하여 게임을 진행해 봅니다.

03 게임이 끝나면 [스페이스 나가기(🗙)]-[홈으로 가기(🏠)]를 클릭한 후, 계정 [로그아웃]을 합니다.

01 [+스페이스 만들기]-[빈 맵에서 시작하기]를 클릭하여 '달리기 게임'을 할 수 있는 맵으로 꾸밉니다. 그리고 시작 위치, 끝 위치, 대기 위치를 설정해 봅니다.

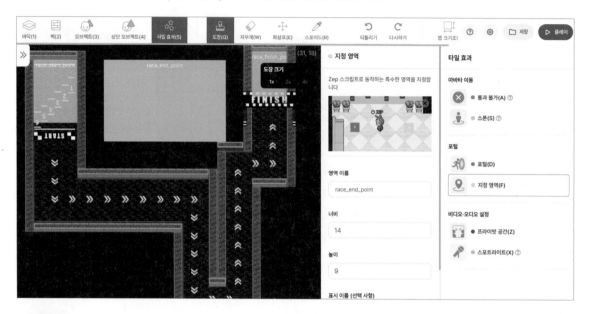

 상단 도구를 활용하여 맵을 꾸며요. 영역 이름에 race_start_point, race_finish_point, race_end_point를 각각 입력해요.

02 포털과 지정 영역을 설치하여 '함정'을 만든 후, 친구를 초대하여 게임을 진행해 봅니다.

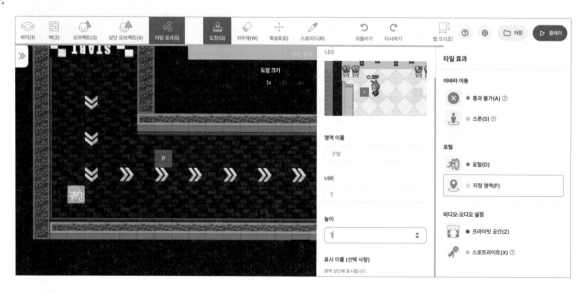

 포털에 '아바타'가 닿으면 지정 영역 위치로 이동돼요.

12 OX 퀴즈 게임 맵 만들기

학습목표

◆ ZEP 맵과 오브젝트를 활용하여 공간을 꾸며 봅니다.
◆ 불필요한 오브젝트는 삭제하고, 필요한 오브젝트를 추가합니다.
◆ 'OX 퀴즈 게임'에 알맞은 타일 효과를 적용합니다.
◆ '해변 퀴즈 이벤트' 맵을 완성한 후, 친구들과 함께 플레이합니다.

배울 내용 미리보기

ZEP 주요 기능

◎ ZEP 맵
◎ 맵 만들기
◎ 타일 효과
◎ 미니 게임
◎ 플레이

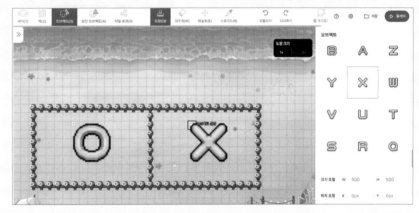

▲ 맵 만들기

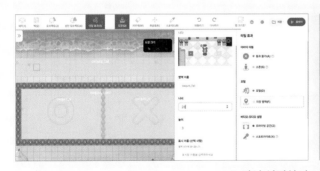

▲ 영역 설정하기

▲ 게임 진행하기

 ZEP **젭할 사람 모두 모여라!**

여러분 'OX 퀴즈 게임'을 해 본 적이 있나요? ZEP에서도 친구들과 함께 'OX 퀴즈 게임'을 할 수 있어요. 관리자가 직접 퀴즈를 내고 참가자들이 맞추는 게임으로 정답을 맞히면 생존하는 서바이벌 방식의 게임이에요. 이번 시간에는 해변에서 'OX 퀴즈 이벤트'를 진행해 보려고 해요. 타일에 지정 영역을 설정하여 게임 맵을 만든 후 친구들과 플레이해 볼까요?

해변에서 진행하는 '퀴즈 이벤트' 공간을 만들기 위해 ZEP 맵과 오브젝트를 활용해 봅니다.

01 ZEP(zep.us)에 접속한 후, [로그인] 버튼을 클릭하여 '구글' 또는 '이메일 계정'으로 로그인합니다.

02 맵을 만들기 위해 [홈버튼(🅩 ZEP)]을 클릭한 후, [+스페이스 만들기]-[ZEP 맵]-[해변 낮]을 클릭합니다. '스페이스 설정' 창이 나타나면 '스페이스 이름(해변 퀴즈 이벤트)'을 입력한 후, [만들기]를 클릭합니다.

03 맵이 실행되면 [맵 에디터(🔨)]를 클릭하여 '맵 편집' 창으로 이동합니다. 이어서 [오브젝트]를 클릭하여 OX 퀴즈를 할 수 있는 맵으로 꾸며 봅니다.

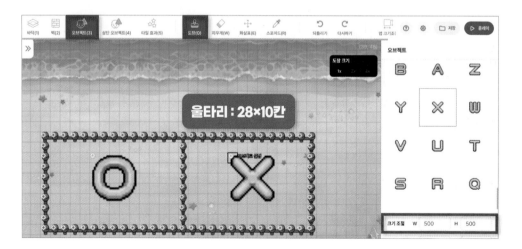

모두 모두 ZEP 크리에이터 💎

◆ 에셋 스토어에서 [울타리 세트] 오브젝트를 구매하여 맵에 적용해 봅니다.
◆ 같은 모양의 오브젝트를 연속해서 나타낼 때에는 마우스 왼쪽 버튼을 누르고 드래그합니다.
◆ [워드아트] 오브젝트를 이용하여, OX의 크기를 조절한 후, 맵에 나타내어 봅니다.

04 [타일 효과]-[도장]-[통과 불가]를 이용하여 아바타가 울타리를 벗어나지 못하도록 타일에 효과를 적용합니다.

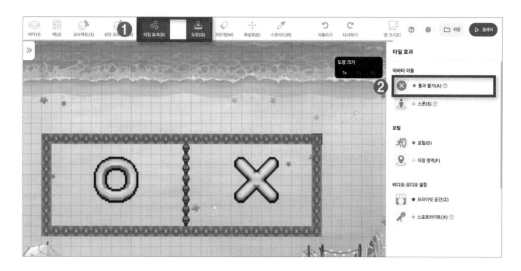

05 퀴즈가 시작되면 모든 아바타가 테두리 안으로 들어갈 수 있도록 [타일 효과]-[도장]-[지정 영역]에서 '영역 이름(oxquiz_start)', '너비(26)', '높이(8)'를 입력한 후, 타일에 적용합니다.

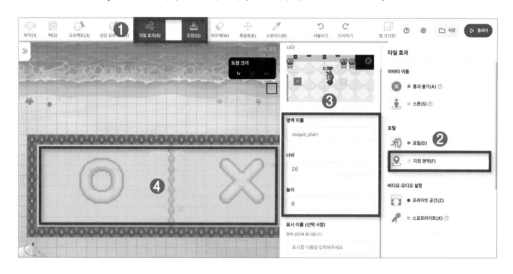

06 'O' 영역을 설정하기 위해 [타일 효과]-[도장]-[지정 영역]에서 '영역 이름(oxquiz_o)', '너비(12)', '높이(7)'를 입력한 후, 타일에 적용합니다.

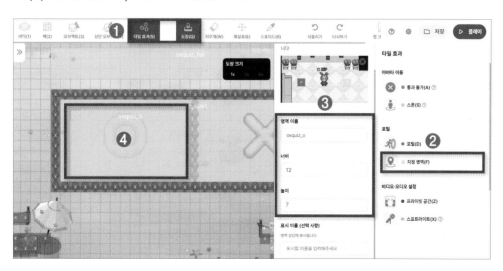

07 'X' 영역을 설정하기 위해 [타일 효과]-[도장]-[지정 영역]에서 '영역 이름(oxquiz_x)', '너비(12)', '높이(7)'를 입력한 후, 타일에 적용합니다.

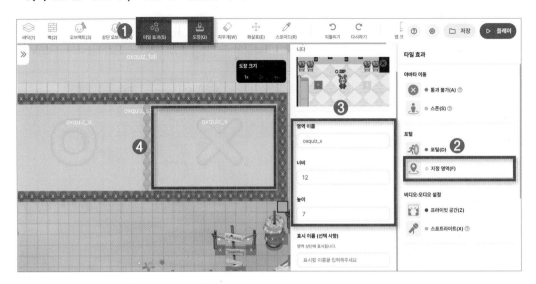

08 퀴즈에서 탈락하거나 게임이 종료되면 테두리에서 밖으로 나오도록 [타일 효과]-[지정 영역]에서 '영역 이름(oxquiz_fail)', '너비(28)', '높이(3)'를 입력한 후, 타일에 적용합니다.

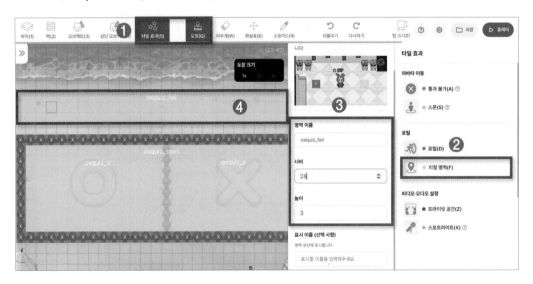

09 완성된 맵을 확인한 후, [플레이(▷ 플레이)]를 클릭하여 친구를 초대합니다.

10 친구들이 모두 모이면 [미니 게임(🎮)]을 클릭한 후, 'OX Quiz'를 클릭합니다.

11 'OX 퀴즈' 창이 나타나면 [OX 퀴즈 시작]을 클릭합니다.

12 '문제' 창이 나타나면 문제를 입력하고 정답을 선택한 후, [문제내기]를 클릭합니다. 문제는 최후의 1명이 남을 때까지 계속 내야 합니다.

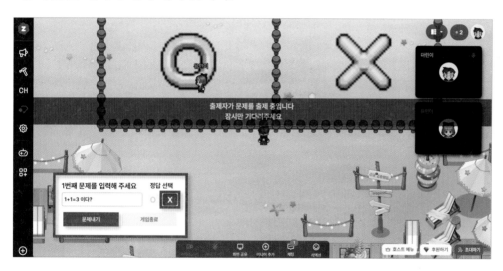

13 문제를 내면 화면에 문제가 나타납니다. 정답이 'O'일 경우 'O 칸'으로 이동하고, 정답이 'X'일 경우 'X 칸'으로 이동합니다.

14 게임이 끝나면 [스페이스 나가기(z)]-[홈으로 가기(⌂)]를 클릭한 후, 계정 [로그아웃]을 합니다.

01 OX 퀴즈 문제를 만들어 봅니다.

NO	문제	정답
1		
2		
3		
4		
5		
6		
7		
8		
9		
10		

02 퀴즈 게임을 진행하기 전에 퀴즈 문제에 대해 공부할 수 있도록 '해변 퀴즈 이벤트' 맵에 오브젝트를 설치한 후, 친구들과 게임을 진행해 봅니다.

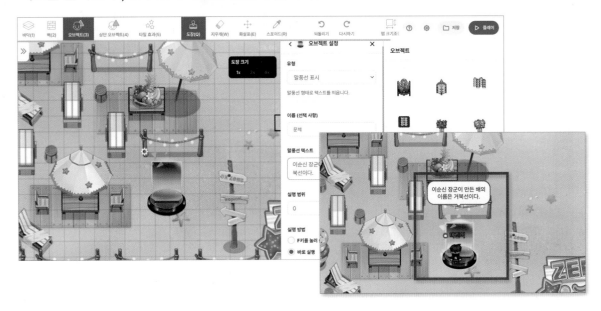

• [오브젝트 설정]-[말풍선]을 이용하여 문제와 정답을 확인할 수 있도록 해요.
• 실행 방법은 [F 키를 눌러 실행]과 [바로 실행] 모두 사용하도록 해요.

13 교실 탈출 게임 맵 만들기

학습목표

◆ 'ZEP 맵'과 '오브젝트'를 활용하여 '탈출 게임' 공간으로 꾸밉니다.

◆ 숨겨 둔 힌트를 찾아 비밀번호를 알아낸 후, 교실을 탈출합니다.

◆ '교실 탈출' 맵을 완성한 후, 친구들과 함께 플레이합니다.

배울 내용 미리보기

ZEP 주요 기능

● ZEP 맵
● 비밀번호 입력 팝업
● 맵 관리자
● 스페이스 이동
● 포털
● 말풍선 표시
● 플레이

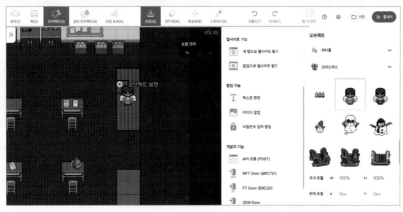

▲ 비밀번호 적용하기

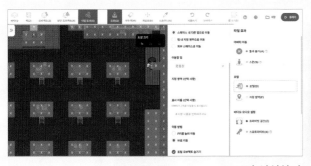

▲ 포털 설치하기

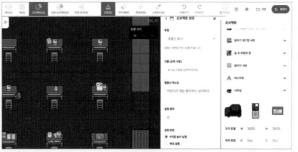

▲ 힌트 숨기기

  ZEP 젭할 사람 모두 모여라! ♥

여러분, '방 탈출' 게임을 해 본 적이 있나요? 이번 시간에는 '교실 탈출' 맵을 만들어 보려고 해요. 교실을 탈출하기 위해서는 교실 앞을 지키고 있는 NPC에게 비밀번호를 말해야 해요. 비밀번호를 맞힌 친구만 나갈 수 있도록 NPC가 길을 비켜 준데요. 비밀번호는 어떻게 맞힐까요? 비밀번호를 맞출 수 있는 힌트를 교실에 숨겨 둘 예정이니 걱정하지 않아도 돼요. 자, 그럼 게임을 만들어 볼까요?

비밀번호의 힌트를 얻어 교실을 탈출하는 맵을 만들기 위해 'ZEP 맵'을 활용해 봅니다.

01 ZEP(zep.us)에 접속한 후, [로그인] 버튼을 클릭하여 '구글' 또는 '이메일 계정'으로 로그인합니다.

02 맵을 만들기 위해 [홈버튼(**Z** ZEP)]을 클릭한 후, [+스페이스 만들기]-[ZEP 맵]-[교실]을 클릭합니다. '스페이스 설정' 창이 나타나면 '스페이스 이름(교실 탈출)'을 입력한 후, [만들기]를 클릭합니다.

03 맵이 실행되면 [맵 에디터(🔧)]를 클릭하여 '맵 편집' 창으로 이동합니다. 이어서 플레이어가 교실을 그냥 빠져나가지 못하도록 교실 문을 막고 있을 'NPC(Non Player Character : 플레이 불가능한 캐릭터)'를 [오브젝트]-[크리스마스]에서 선택한 후, 타일 바닥을 클릭하여 설치해 봅니다.

04 교실문을 막고 있는 'NPC'가 플레이어에게 비밀번호를 물어볼 수 있도록 [오브젝트]-[도장]을 클릭한 후, 'NPC' 오브젝트의 설정(⚙)을 클릭하고, '오브젝트 설정' 창이 나타나면 [팝업 기능]-[비밀번호 입력 팝업]을 클릭합니다.

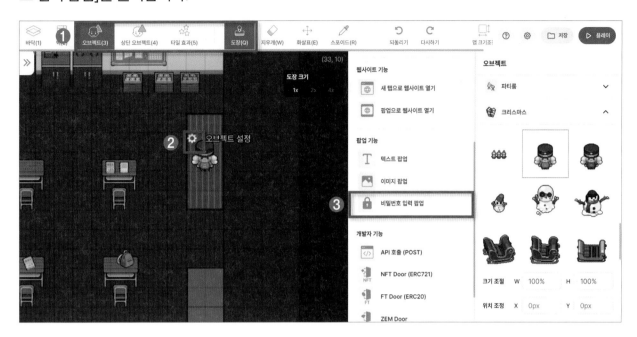

05 '비밀번호 입력 팝업' 창이 나타나면 비밀번호 설명(교실을 탈출하려면 비밀번호를 입력하세요.), '비밀번호(0505)', '비밀번호 입력 시 실행할 동작(개인에게만 오브젝트 사라지기)', '비밀번호 실패 메시지(비밀번호가 틀렸습니다.)', '실행 방법(바로 실행)'을 입력합니다.

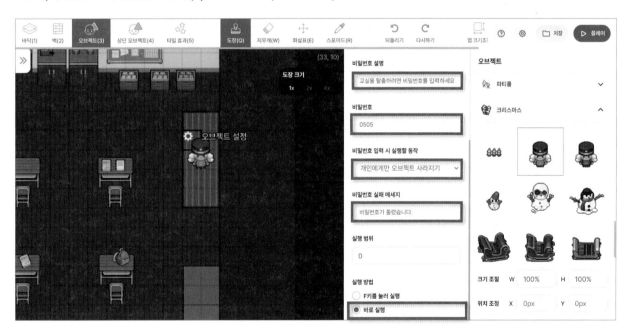

모두 모두 ZEP 크리에이터 💎 ● ● ●

'NPC'가 위치한 타일에 교실을 빠져나갈 수 있는 '포털'이 함께 설치될 것이기 때문에 실행 방법을 반드시 '바로 실행'으로 선택해야 합니다. 'NPC'가 사라지기 전까지 플레이어가 '포털'에 다가오지 못하게 표현하기 위해 '바로 실행'을 선택하는 것입니다.

06 아바타가 교실을 탈출했을 때 갈 수 있는 공간을 만들기 위해 [맵 관리자]-[새 맵 추가하기]-[ZEP 맵]-[운동장]을 클릭한 후, '이름(운동장)'을 입력하고, [만들기]를 클릭합니다.

07 [맵 관리자]에서 [교실 탈출] 맵으로 돌아온 후, 'NPC' 타일에 탈출 '포털'을 설치하기 위해 먼저, [타일 효과]-[지우개]를 클릭하여 'NPC' 타일에 설치된 '스폰' 효과를 지웁니다.

08 이어서 [타일 효과]-[도장]-[포털]을 클릭한 후, '스페이스 내 다른 맵으로 이동', '이동할 맵(운동장)', '이동 방법(바로 이동)', '포털 오브젝트 숨기기'를 선택한 후, '포털'을 설치합니다.

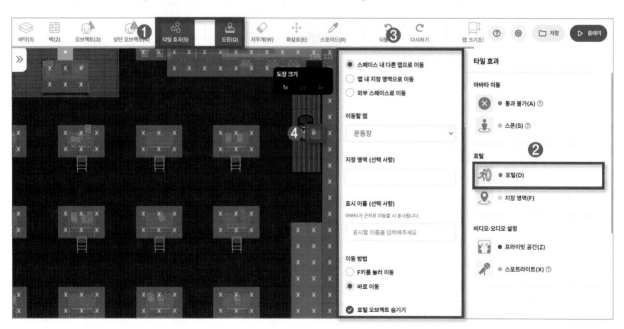

09 교실을 탈출할 비밀번호의 힌트를 교실에 숨겨 놓기 위해 [오브젝트]-[사무실]의 오브젝트를 교실에 추가합니다. 이어서 오브젝트의 [설정(⚙)]을 클릭하여 '오브젝트 설정' 창이 나타나면 [표시 기능]-[말풍선 표시]를 클릭합니다.

10 말풍선 텍스트(어린이가 제일 좋아하는 날이에요.)를 입력합니다.

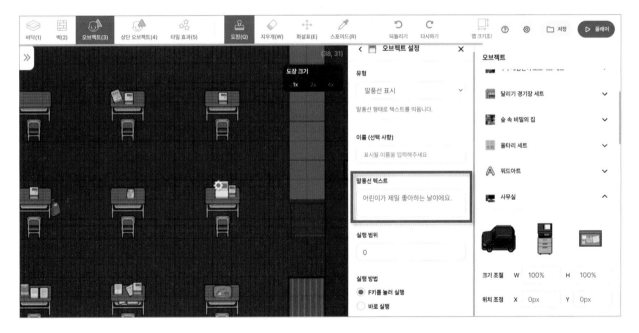

11 09~10과 같은 방법으로 다양한 힌트를 교실에 숨겨 놓습니다.

12 완성된 맵을 확인한 후, [플레이(▷ 플레이)]를 클릭하여 친구들과 함께 교실 탈출 게임을 진행해 봅니다.

13 게임이 끝나면 [스페이스 나가기(Z)]-[홈으로 가기(🏠)]를 클릭한 후, 계정 [로그아웃]을 합니다.

플·ZEP·플

01 [+스페이스 만들기]-[ZEP 맵]-[호숫가 캠핑]을 클릭한 후, '나무 밑둥' 뒤에 '선물'을 숨겨 놓습니다.

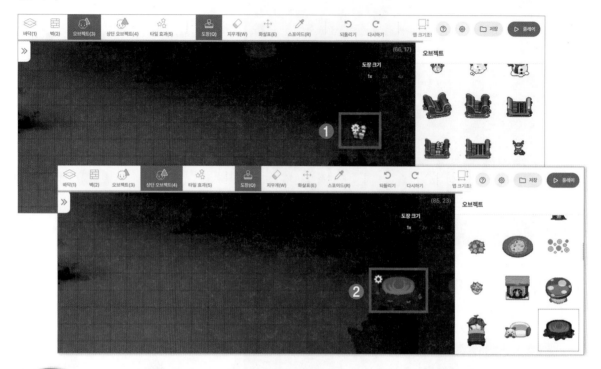

- 선물에 비밀번호를 설정해요.
- '오브젝트(선물)'를 '상단 오브젝트(나무 밑둥)' 뒤에 숨겨 놓아요.

02 선물을 찾을 수 있도록 '호숫가 캠핑' 맵 이곳저곳에 힌트를 숨겨 놓고, 비밀번호를 맞추면 [ZEP 맵]–[해변 밤]으로 이동할 수 있도록 만들어 봅니다.

- [타일 효과]에서 '스폰'을 지우고 '포털'을 설치해요.
- [맵 관리자]-[새 맵 추가하기]를 활용해요.

90

14 복싱 게임 맵 만들기

🚐 **학습목표**

- ZEP에 외부 이미지를 업로드한 후, 맵을 꾸며 봅니다.
- '울타리' 이미지를 이용하여 복싱 경기장을 표현해 봅니다.
- 아바타가 '울타리'를 벗어날 수 없게 '타일 효과'를 적용합니다.
- '복싱 경기' 맵을 완성한 후, 친구들과 함께 플레이합니다.

배울 내용 미리보기 ⚡

ZEP 주요 기능

- 나의 오브젝트
- 맵 만들기
- 맵 크기조정
- 타일 효과
- 미니 게임
- 플레이

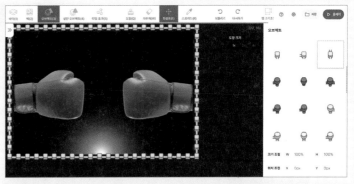

▲ 이미지 적용하기

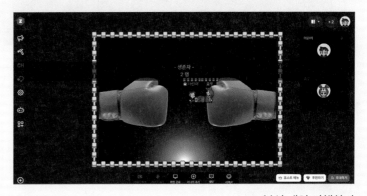

▲ 복싱 게임 진행하기

 ZEP 젭할 사람 모두 모여라!

여러분, 복싱 게임을 해 본 적 있나요? 이번 시간에는 ZEP에서 복싱 게임을 할 수 있도록 경기장을 만들어 보려고 해요. 복싱 게임은 플레이어들끼리 서로 [주먹(Z 키)]으로 공격하여 쓰러뜨리는 대결을 펼쳐서 최후의 승자를 뽑는 게임이에요. 복싱 경기장 '바닥'에는 복싱과 관련된 이미지를 추가하고, '테두리'에는 울타리를 세워서 아바타가 경기장 밖으로 나가지 못하도록 만들어 보기로 해요.

복싱 경기를 진행할 수 있는 경기장을 '빈 맵'에서 만들어 봅니다.

01 ZEP(zep.us)에 접속한 후, [로그인] 버튼을 클릭하여 '구글' 또는 '이메일 계정'으로 로그인합니다.

02 맵을 만들기 위해 [홈버튼(● ZEP)]을 클릭한 후, [+스페이스 만들기]-[빈 맵에서 시작하기]를 클릭합니다. '스페이스 설정' 창이 나타나면 '스페이스 이름(복싱 경기)'을 입력한 후, [만들기]를 클릭합니다.

03 [오브젝트]-[나의 오브젝트]에서 [+추가]를 클릭합니다. '열기' 창이 나타나면 [예제파일]-[14강]의 '복싱' 이미지를 선택한 후, [열기]를 클릭합니다.

04 [오브젝트]-[나의 오브젝트]에서 '복싱' 이미지를 선택한 후, 맵에 이미지를 추가합니다.

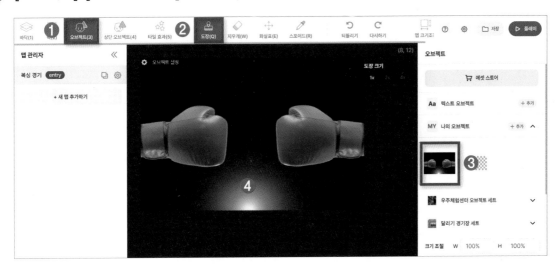

05 [오브젝트]-[울타리 세트]를 이용하여 이미지 테두리 부분에 울타리를 세웁니다. 그리고 맵을 차지하고 있는 오브젝트의 너비와 높이가 각각 몇 칸인지 수를 세어 봅니다.

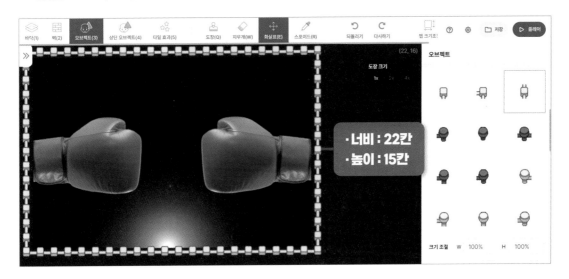

06 [맵 크기조정]을 클릭하여 오브젝트의 크기대로 '너비(22)'와 '높이(15)'를 수정하고, [저장]을 클릭합니다.

07 [타일 효과]-[통과 불가]를 이용하여 울타리에서 벗어나지 못하도록 타일에 효과를 적용합니다.

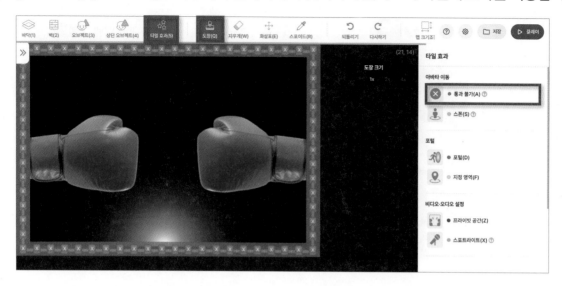

08 [타일 효과]-[스폰]을 이용하여 캐릭터가 입장할 위치에 타일 효과를 적용합니다.

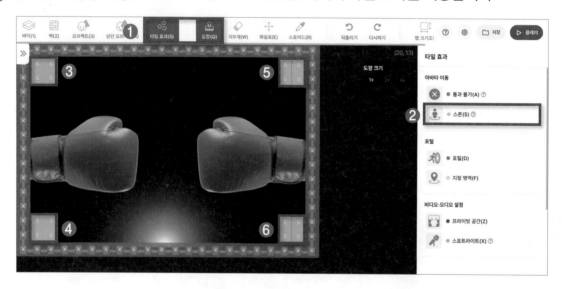

09 완성된 맵을 확인한 후, [플레이(▷ 플레이)]를 클릭하여 친구들과 함께 테스트해 봅니다.

10 친구들이 모두 모이면 [미니 게임(🎮)]을 클릭합니다. '미니 게임' 창이 나타나면 [복싱(결투)]를 클릭하여 게임을 진행해 봅니다.

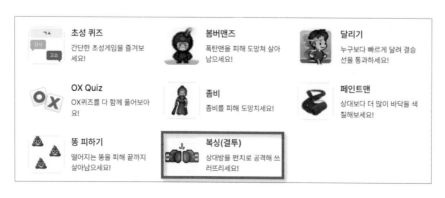

11 게임이 끝나면 [스페이스 나가기(Z)]-[홈으로 가기(🏠)]를 클릭한 후, 계정 [로그아웃]을 합니다.

01 [+스페이스 만들기]-[빈 맵에서 만들기]를 클릭한 후, [예제파일]-[14강]의 '거실' 이미지를 불러와 맵에 설치해 봅니다.

[오브젝트]-[나의 오브젝트]를 이용해요.

02 [오브젝트]에서 거실을 꾸미기 위한 다양한 오브젝트를 선택하여 이미지 위에 배치해 봅니다.

[오브젝트]-[맵 크기조절]을 이용하여 맵의 크기를 바꾸어 보아요.

95

15 미로 좀비 게임 맵 만들기

학습목표

◆ '빈 맵'과 '오브젝트'를 이용하여 '미로 찾기 게임' 맵을 만듭니다.
◆ '통과 불과' 타일 효과를 적용하여 이동할 수 있는 길과 이동할 수 없는 길을 만듭니다.
◆ 갈림길에서 길 찾기 힌트를 얻을 수 있도록 오브젝트 설정의 '말풍선 표시'를 적용합니다.
◆ '미로' 맵을 완성한 후, 친구들과 함께 플레이합니다.

배울 내용 미리보기

ZEP 주요 기능

● 맵 만들기
● 에셋 스토어
● 오브젝트 추가
● 지정 영역으로 이동
● 타일 효과
● 말 풍선 표시
● 포털
● 미니 게임
● 플레이

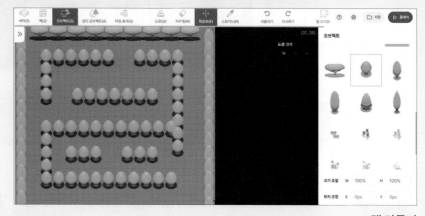

▲ 맵 만들기

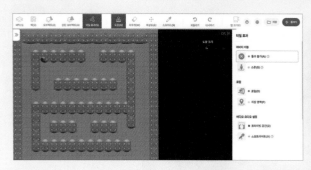

▲ 통과 불가 설치하기

▲ 포털 설치하기

 ZEP 젭할 사람 모두 모여라!

여러분, 미로 게임을 해 본 적이 있나요? 한 번 들어가면 빠져나오기 힘든 길을 잘 찾아서 출구로 나오는 게임이지요. 이번 시간에는 미로 게임 맵을 만들어 볼 거예요. 그리고 미로 게임 맵에서 좀비에게 잡히지 않고 끝까지 남은 사람이 승리하는 게임도 함께해 보려고 해요. 미로에서 막다른 길로 이동하면 좀비에게 붙잡힐 수 있으니, NPC를 배치해서 도움을 받을 수 있도록 만들어 보아요.

좀비가 출현하는 미로 게임을 진행하기 위해 빈 맵을 활용하여 '미로' 맵을 완성해 봅니다.

01 ZEP(zep.us)에 접속한 후, [로그인] 버튼을 클릭하여 '구글' 또는 '이메일 계정'으로 로그인합니다.

02 맵을 만들기 위해 [홈버튼(🔵ZEP)]을 클릭한 후, [+스페이스 만들기]-[빈 맵에서 시작하기]를 클릭합니다. '스페이스 설정' 창이 나타나면 '스페이스 이름(미로)'을 입력한 후, [만들기]를 클릭합니다.

03 [바닥]-[도장]을 이용하여 타일에 초록색 바닥을 적용합니다.

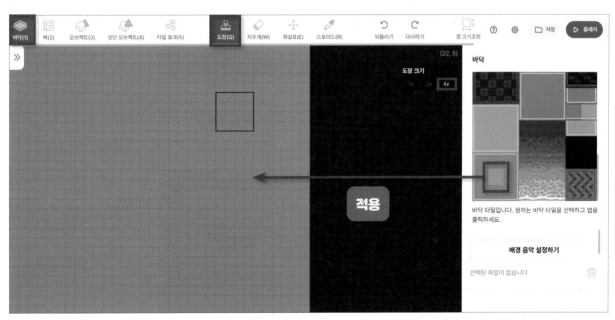

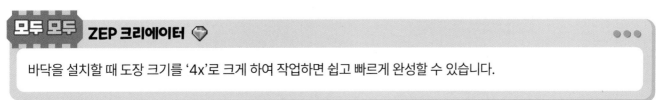

모두 모두 **ZEP 크리에이터** 💎

바닥을 설치할 때 도장 크기를 '4x'로 크게 하여 작업하면 쉽고 빠르게 완성할 수 있습니다.

04 [오브젝트]-[에셋 스토어]를 클릭하여 [자연 오브젝트 세트]를 구매합니다. 그리고 '미로' 맵으로 돌아와 'F5 키'를 눌러 창을 '새로 고침'합니다.

05 [오브젝트]-[자연 오브젝트 세트]를 이용하여 '미로' 맵을 완성합니다.

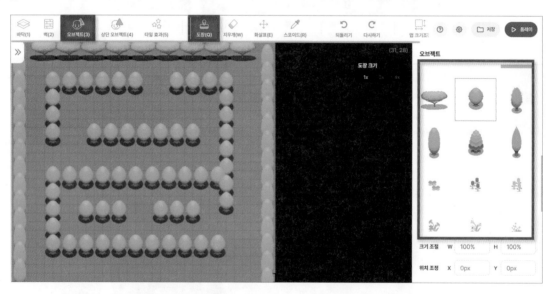

06 [타일 효과]-[통과 불가] 효과를 다음과 같이 '미로' 맵에 적용합니다.

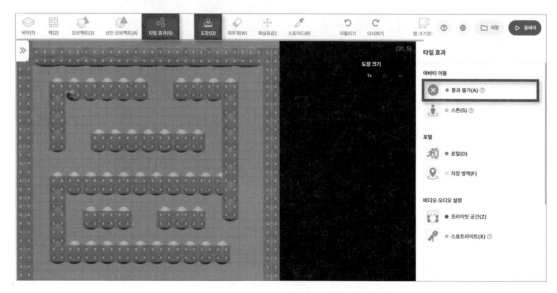

07 [상단 오브젝트]-[크리스마스]에서 미로에 대해 안내해 줄 'NPC' 오브젝트를 찾아 맵에 배치한 후, [설정(⚙)]을 클릭합니다. '오브젝트 설정' 창이 나타나면 [표시 기능]-[말풍선 표시]를 클릭한 후, '말풍선 텍스트(오른쪽 길은 막혀 있어요.)'를 입력하고, '실행 방법(바로 실행)'을 선택합니다.

모두 모두 ZEP 크리에이터 💎

가입할 때 받은 '1'ZEM으로 [에셋 스토어]-[오브젝트]에서 '모노톤 NPC'를 구매하여 맵 꾸미기에 활용해 봅니다.

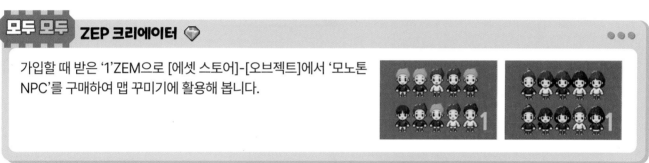

08 게임을 좀 더 재미있게 즐길 수 있는 함정을 만들기 위해 [오브젝트]-[달리기 경기장 세트]에서 '구멍' 이미지를 찾아 맵에 추가해 봅니다.

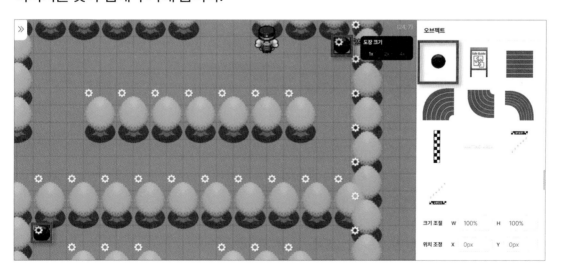

모두 모두 ZEP 크리에이터 💎

미로 맵에 '순간 이동'할 수 있는 여러 개의 '함정'을 만들어 놓으면, 좀비를 쉽게 피할 수도 있고, 반대로 좀비에게 쉽게 잡힐 수도 있습니다. '함정'을 설치하여 게임을 좀 더 재미있게 진행해 봅니다.

09 [타일 효과]-[포털]을 이용하여 '구멍'에 닿으면 바로 '지정 영역'으로 이동되도록 합니다. 먼저 [포털]을 선택합니다. 이어서 '맵 내 지정 영역으로 이동'을 클릭하고, '지정 영역(구멍1)'을 입력한 후 '이동방법(바로 이동)'을 선택합니다. 그리고 포털이 화면에 보이지 않도록 '포털 오브젝트 숨기기'를 체크한 후, '구멍' 오브젝트 위에 클릭하여 설치합니다.

10 이동될 위치를 지정하기 위해 [타일 효과]-[지정 영역]을 클릭합니다. 이어서 '영역 이름(구멍1)'을 입력하고, 너비와 높이는 '1'로 입력한 후, 이동될 위치에 클릭합니다.

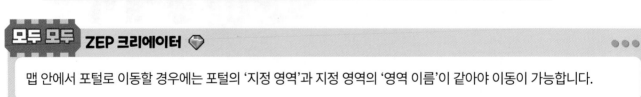

모두 모두 ZEP 크리에이터 ◈

맵 안에서 포털로 이동할 경우에는 포털의 '지정 영역'과 지정 영역의 '영역 이름'이 같아야 이동이 가능합니다.

11 아바타가 랜덤 위치에서 입장하도록 [타일 효과]-[스폰]을 클릭하여 '미로' 맵 여러 곳에 '스폰'을 설치합니다.

12 완성된 맵을 확인한 후, [플레이(▷ 플레이)]를 클릭하여 친구를 초대합니다.

13 친구들이 모두 모이면 [미니 게임(⊙)] 클릭한 후, [좀비]를 클릭하여 게임을 시작합니다.

14 게임이 끝나면 [스페이스 나가기(Z)]-[홈으로 가기(⌂)]를 클릭한 후, 계정 [로그아웃]을 합니다.

01 [+스페이스 만들기]-[ZEP 맵]-[바다 위의 아지트]를 선택한 후, '포털'과 '지정 영역'을 설치해 봅니다.

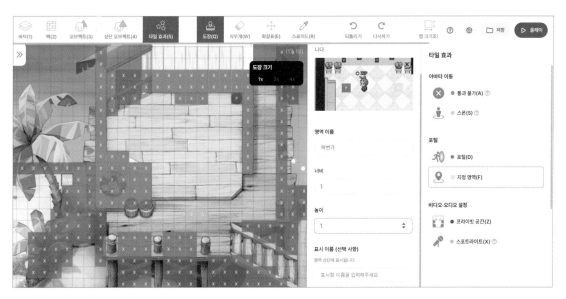

 포털을 설치할 때 '포털 이름(지정 영역)'을 입력하면 포털이 어디로 연결되는 지 쉽게 알 수 있어요.

02 포털을 처음 사용할 때 비밀번호를 입력하도록 오브젝트를 설정하고, 맵에 비밀번호를 숨겨 봅니다.

 비밀번호는 오브젝트의 [설정(⚙)]을 클릭하여 바꿀 수 있어요.

16 봄버맨즈 스탬프 게임 맵 만들기

학습목표

◆ 'ZEP 맵'과 '오브젝트'를 활용하여 게임 공간을 꾸며 봅니다.
◆ 맵을 살펴보며 여러 곳에 스탬프 기능이 설정된 오브젝트를 추가합니다.
◆ 미니 게임을 진행하면서 스탬프를 수집해 봅니다.
◆ '스탬프 찍기' 맵을 완성한 후, 친구들과 함께 플레이합니다.

배울 내용 미리보기

ZEP 주요 기능

◉ ZEP 맵
◉ 오브젝트 설정
◉ 스탬프
◉ 타일 효과
◉ 미니 게임
◉ 플레이

▲ 스탬프 추가하기

▲ 스탬프 찍기

▲ 게임 진행하기

ZEP 젭할 사람 모두 모여라! ♥

여러분, '스탬프 찍기'를 해 본 적이 있나요? 미션을 성공하는 단계마다 스탬프를 찍기도 하고, 다이어리를 꾸밀 때에 스탬프를 찍기도 하는데요. 이번 시간에는 스탬프를 순서대로 찍는 게임 맵을 만들어 보려고 해요. '스탬프' 오브젝트를 설치한 후, 친구들과 함께 봄버맨즈를 피하면서 스탬프를 찍는 게임을 실행해 보세요. 폭탄을 전달하는 봄버맨즈를 잘 피해 마지막까지 남는 사람이 승리하는 게임이니 그 특징을 살려서 재미있게 만들어 보기로 해요.

PLAY 1 스탬프 찍기 맵 만들기

이곳저곳 돌아다니며 스탬프를 찍을 수 있는 맵을 만들어 봅니다.

01 ZEP(zep.us)에 접속한 후, [로그인] 버튼을 클릭하여 '구글' 또는 '이메일 계정'으로 로그인합니다.

02 맵을 만들기 위해 [홈버튼(ZEP)]을 클릭한 후, [+스페이스 만들기]-[ZEP 맵]-[파티/공연]을 클릭합니다. '스페이스 설정' 창이 나타나면 '스페이스 이름(스탬프 찍기)'을 입력한 후, [만들기]를 클릭합니다.

03 맵이 실행되면 [맵 에디터(🔨)]를 클릭하여 '맵 편집' 창으로 이동합니다. [오브젝트]-[우주체험센터 오브젝트 세트]를 클릭한 후, '파티 공연장' 여러 곳에 '스탬프'로 사용될 오브젝트를 설치합니다.

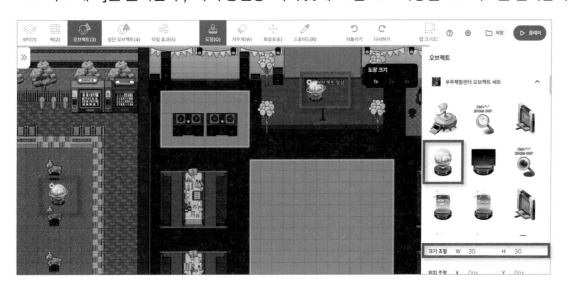

모두 모두 ZEP 크리에이터 💎

◆ [타일 효과]-[통과 불가]를 이용하여 '스탬프' 오브젝트가 설치된 곳은 이동이 가능하도록 '타일 효과'를 적용합니다.
◆ 스탬프 모양은 서로 모두 다른 모양으로 설치해도 됩니다.

04 오브젝트에 '스탬프 기능'을 추가하기 위해 [오브젝트]-[도장]을 클릭한 후, 기능을 추가할 오브젝트의 [설정(⚙)]을 클릭합니다. 이어서 '오브젝트 설정' 창이 나타나면 [표시 기능]-[스탬프]를 클릭합니다.

05 오브젝트를 스탬프로 사용하기 위해 '스탬프 종류(스탬프)'를 선택하고, 스탬프 이름은 공간에 알맞은 '스탬프 이름(공연장 스탬프)'으로 입력하도록 합니다. 이어서 '스탬프 번호'는 '1'부터 순서대로 입력합니다.

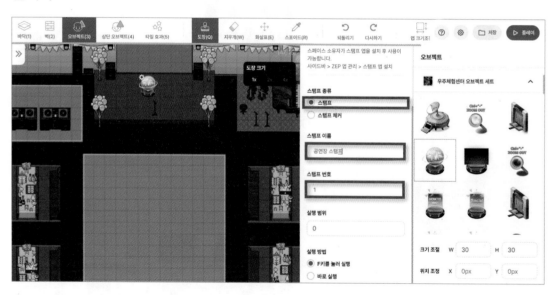

모두 모두 **ZEP 크리에이터** 💎

◆ 스탬프 번호는 게임을 할 때에 '스탬프'에 나타나는 오브젝트 순서입니다.
◆ 스탬프에 이름이 표시되기 때문에 스탬프 이름을 공간을 나타내는 이름으로 입력해 놓으면 스탬프의 위치를 쉽게 확인할 수 있습니다.

06 다른 공간에도 **05**와 같은 방법으로 오브젝트를 설치한 후, 스탬프 기능을 추가합니다.

'플레이' 창에서 스탬프 앱을 설치한 후, 이곳저곳의 공간을 살펴서 스탬프를 모아 수집합니다.

01 완성된 맵을 확인한 후, [플레이(▷ 플레이)]를 클릭하여 친구를 초대해 봅니다.

02 맵에 참여한 모든 방문자는 스탬프를 찍을 수 있도록 [ZEP 앱 관리]를 클릭하여 [스탬프 앱]을 설치합니다.

03 '스탬프'가 있는 위치로 이동한 후 'Ｆ 키'를 눌러 '스탬프' 창을 띄우고, [스탬프 찍기]를 클릭하여 스탬프를 수집합니다.

모두 모두 ZEP 크리에이터 ◇

◆ '스탬프' 창의 스탬프 모양은 '맵 에디터'에서 추가한 오브젝트의 모양과 같습니다.
◆ 스탬프 모양을 다른 모양으로 바꾸고 싶은 경우에는 '맵 에디터'에서 모양을 바꾼 후, 다시 오브젝트 설정을 하면 됩니다.

04 스탬프 기능을 확인한 후, [미니 게임()]-[봄버맨즈]를 선택합니다.

	초성 퀴즈 간단한 초성게임을 즐겨보세요!		봄버맨즈 폭탄맨을 피해 도망쳐 살아 남으세요!		달리기 누구보다 빠르게 달려 결승 선을 통과하세요!
	OX Quiz OX퀴즈를 다 함께 풀어보아요!		좀비 좀비를 피해 도망치세요!		페인트맨 상대보다 더 많이 바닥을 색 칠해보세요!
	똥 피하기 떨어지는 똥을 피해 끝까지 살아남으세요!		복싱(결투) 상대방을 펀치로 공격해 쓰 러뜨리세요!		

모두 모두 ZEP 크리에이터 💎   • • •

'봄버맨즈'는 폭탄이 터지기 전에 다른 아바타(플레이어)를 터치해 폭탄을 옮기고, '아바타'는 봄버맨즈를 피해 도망
가는 게임이에요. 최후의 1인이 남게 되면 게임이 종료됩니다.

05 게임이 시작되면 일정한 시간 동안 '봄버맨즈'로 변한 아바타는 폭탄이 터지기 전에 다른 아바타를 터
치하여 폭탄을 넘겨주어야 합니다.

모두 모두 ZEP 크리에이터 🔽   • • •

'봄버맨즈'는 폭탄을 옮기러 다니고, 다른 아바타는 봄버맨즈를 피해 스탬프 미션을 해결하러 다니는 등의 다양한 방
식으로 게임을 진행해 봅니다.

06 게임이 끝나면 [스페이스 나가기(Z)]-[홈으로 가기(⌂)]를 클릭한 후, 계정 [로그아웃]을 합니다.

01 [에셋 스토어]에서 [평화로운 동화마을 젭 빌리지]를 구매한 후, 마을을 구경하면서 '스탬프'를 설치해 봅니다.

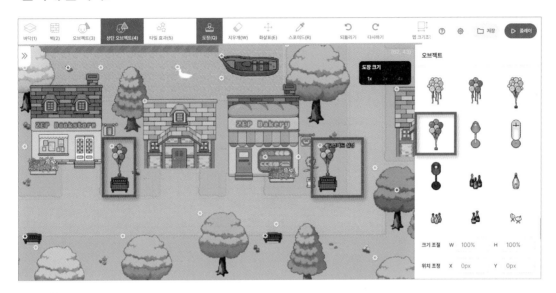

 [오브젝트 설정]-[표시 기능]-[스탬프]를 이용하여 '스탬프 기능'을 적용해요.

02 [플레이(▷ 플레이)]를 클릭한 후, [ZEP 앱 관리자]에서 스탬프를 설치합니다. 그리고 친구들과 함께 스탬프를 수집해 봅니다.

 스탬프 오브젝트에 다가가 'F 키'를 누르면 '스탬프' 창이 열립니다.

· 나만의 ZEP 스페이스 디자인 ·

스페이스를 만들기 전에 만드는 과정을 떠올려 계획서를 작성해 보세요.

| 스페이스 설정 ❶

이름	
주제 키워드	
기획 의도	
만들기 과정	
디자인	

| 스페이스 설정 ❷

이름	
주제 키워드	
기획 의도	
만들기 과정	
디자인	

| 스페이스 설정 ❸

이름	
주제 키워드	
기획 의도	
만들기 과정	
디자인	

3
· PROJECT ·

ZEP 크리에이트 메이커

17 '우리 동네' 스페이스 디자인

학습목표

◆ '스페이스 설정' 과정을 미리 정리해 둡니다.
◆ 미리캔버스를 이용하여 '우리 동네 맵'을 디자인합니다.
◆ 완성된 맵을 이미지로 저장합니다.

배울 내용 미리보기 ⚡

미리캔버스 주요 기능
◉ 미리캔버스 로그인
◉ 디자인 만들기
◉ 배경
◉ 업로드
◉ 순서
◉ 잠금
◉ 그룹
◉ 다운로드

스페이스 설정

이름	우리 동네 맵
주제 키워드	우리 동네 소개하기, 홍보하기
기획 의도	메타버스에 우리 동네를 만들어 친구들에게 소개하기
만들기 과정	'우리 동네' 모습과 같은 메타버스 맵 만들기→홍보할 장소에 NPC 배치하기→아바타가 NPC에 다가가면 소개 내용을 담은 이미지 팝업 띄우기
디자인	미리캔버스를 통해 도로를 설치하고, 건축물 세우기

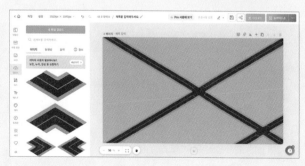

▲ 도로 설치하기

▲ 맵 완성하기

 ZEP 젭할 사람 모두 모여라!

여러분, 지도 앱에서 우리 동네의 모습을 본 적 있나요? 이번 시간에는 우리 동네를 소개하기 위한 맵을 만들어 보려고 해요. 미리캔버스를 통해 직접 디자인하여 완성한 이미지는 저장해 두었다가 '메타버스 ZEP'에 업로드할 거예요.

미리캔버스에서 '우리 동네' 맵을 만들기 위해 로그인합니다.

01 미리캔버스(https://www.miricanvas.com/)에 접속한 후 [로그인하기]-[네이버로 계속하기] 버튼을 클릭합니다. 이어서 아이디와 비밀번호를 입력한 후, [로그인] 버튼을 클릭합니다.

*'카카오, 구글, 웨일스페이스' 등 다른 방법으로도 로그인할 수 있습니다.

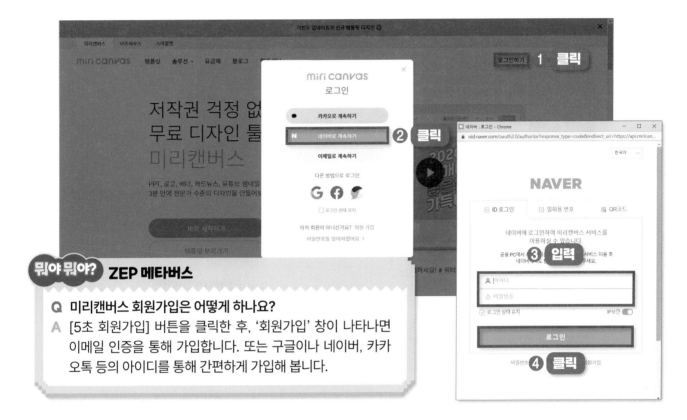

뭐야 뭐야? ZEP 메타버스

Q 미리캔버스 회원가입은 어떻게 하나요?

A [5초 회원가입] 버튼을 클릭한 후, '회원가입' 창이 나타나면 이메일 인증을 통해 가입합니다. 또는 구글이나 네이버, 카카오톡 등의 아이디를 통해 간편하게 가입해 봅니다.

02 맵을 만들기 위해 [디자인 만들기]-[프레젠테이션] 배경화면 사이즈를 클릭합니다.

PLAY
2 '우리 동네' 맵 완성하기

외부에서 이미지를 가져와 '우리 동네' 맵을 완성해 봅니다.

01 배경 색을 회색으로 적용하기 위해 [배경]-[단색]을 클릭한 후, '회색'을 선택합니다.

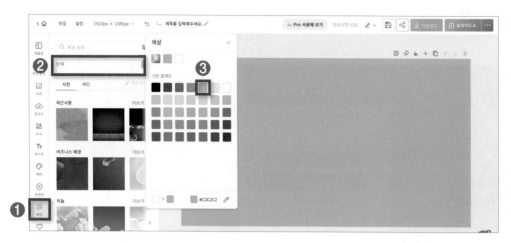

02 도로를 설치하기 위해 [업로드]-[업로드]를 클릭하여 '열기' 창이 나타나면 [예제 파일]-[17강]-'도로 5'를 선택한 후, [열기]를 클릭합니다.

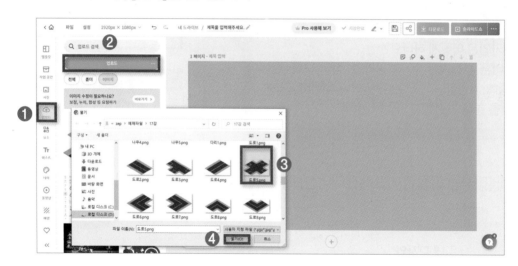

03 '도로5'가 업로드되면 '도로5'를 클릭하여 페이지에 추가한 후, 크기를 조절합니다.

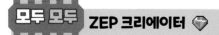 **ZEP 크리에이터** 💎

미리캔버스의 페이지 크기는 맵의 전체 크기와 같으므로 디자인할 때 이미지의 크기를 작게 조절해야 합니다.

04 02~03과 같은 방법으로 '도로' 이미지를 모두 업로드한 후, 우리 동네의 모습을 생각하며 도로를 설치해 봅니다.

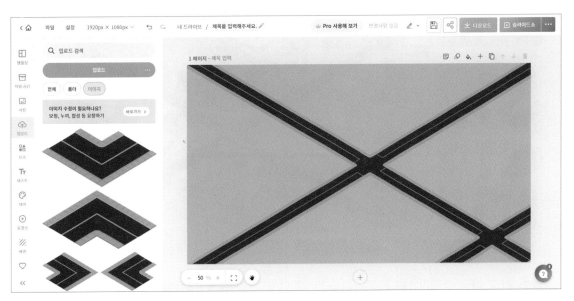

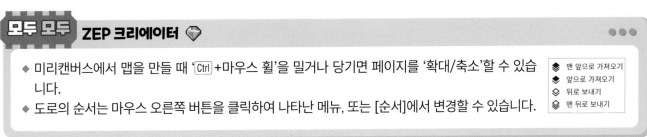

ZEP 크리에이터 ◆ 미리캔버스에서 맵을 만들 때 'Ctrl+마우스 휠'을 밀거나 당기면 페이지를 '확대/축소'할 수 있습니다.
◆ 도로의 순서는 마우스 오른쪽 버튼을 클릭하여 나타난 메뉴, 또는 [순서]에서 변경할 수 있습니다.

> ❖ 맨 앞으로 가져오기
> ❖ 앞으로 가져오기
> ❖ 뒤로 보내기
> ❖ 맨 뒤로 보내기

05 완성된 도로가 움직이지 않도록 'Ctrl + A 키'를 눌러 이미지를 모두 선택한 후, 마우스 오른쪽 버튼을 눌러 [그룹]을 클릭합니다. 그리고 다시 마우스 오른쪽 버튼을 눌러 [잠금]을 클릭합니다.

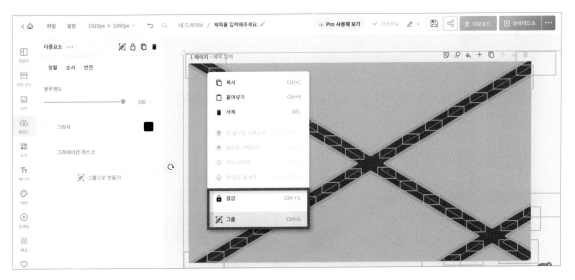

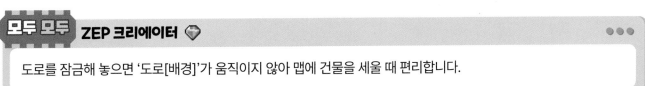

ZEP 크리에이터 도로를 잠금해 놓으면 '도로[배경]'가 움직이지 않아 맵에 건물을 세울 때 편리합니다.

06 02~03과 같은 방법으로 '건물'을 업로드하여 우리 동네 맵을 완성해 봅니다.

07 02~03과 같은 방법으로 '의자, 나무, 자동차' 등을 업로드하여 우리 동네 맵을 완성해 봅니다.

08 맵이 완성되면 [다운로드]-[웹용]-[PNG]-[빠른 다운로드]를 클릭하여 맵을 다운로드한 후, 저장합니다.

01 미리캔버스에서 [디자인 만들기]-[프레젠테이션]을 클릭하여 공원을 만들어 봅니다.

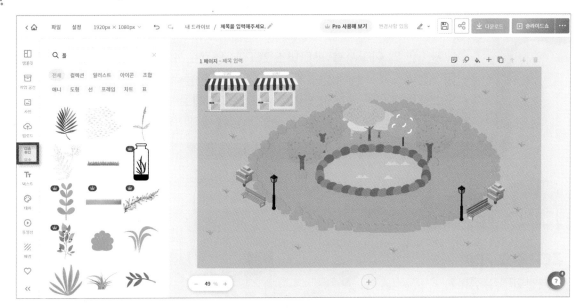

 미리캔버스의 [요소]를 활용해요.

02 공원에 놀러온 친구를 [요소]에서 찾아 배치한 후, 맵을 다운로드합니다.

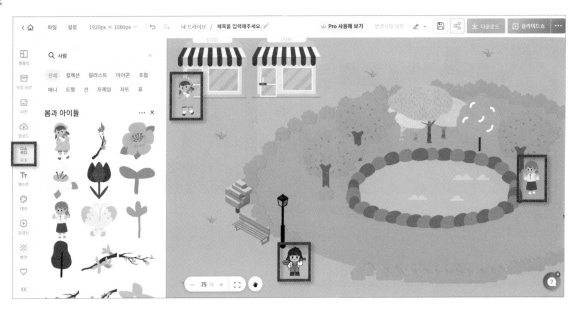

 미리캔버스의 [요소]를 활용해요.

메타버스 ZEP 우리 동네

18

학습목표

◆ 디자인한 맵 이미지를 '메타버스 ZEP'에 업로드하여 꾸며 봅니다.
◆ 미리캔버스에서 동네를 소개하는 이미지를 만들어 봅니다.
◆ 오브젝트 설정을 활용하여 이미지를 팝업 형태로 나타냅니다.
◆ '우리 동네' 맵을 완성한 후, 친구들과 함께 플레이합니다.

배울 내용 미리보기

ZEP 주요 기능

◉ 배경화면 설정하기
◉ 타일 효과
◉ 오브젝트 설정
◉ 미리캔버스
◉ 배경
◉ 요소
◉ 텍스트
◉ 플레이

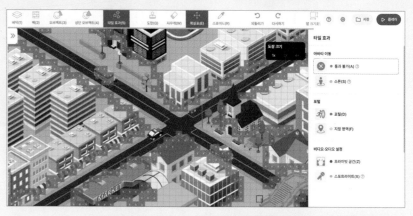

▲ 배경 추가하기, 타일 효과 적용하기

▲ 오브젝트 추가하기

▲ 홍보 카드 적용하기

 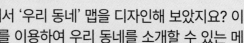 젭할 사람 모두 모여라!

여러분, 이전 시간에 미리캔버스에서 '우리 동네' 맵을 디자인해 보았지요? 이번 시간에는 미리캔버스를 이용하여 완성한 '배경' 이미지를 이용하여 우리 동네를 소개할 수 있는 메타버스를 만들어 보려고 해요. 우리 동네를 소개하려면 이미지 자료가 필요한데요. 미리캔버스에서 만든 후, ZEP 맵에서 팝업 형태로 나타날 수 있게 설정해 보아요.

맵에 '배경' 이미지 추가하기

미리캔버스에서 완성한 '배경' 이미지를 맵에 적용시켜 봅니다.

01 ZEP(zep.us)에 접속한 후, [로그인] 버튼을 클릭하여 '구글' 또는 '이메일 계정'으로 로그인합니다.

02 맵을 만들기 위해 [홈버튼(ⓩ ZEP)]을 클릭한 후, [+스페이스 만들기]-[빈 맵에서 시작하기]를 클릭합니다. '스페이스 설정' 창이 나타나면 '스페이스 이름(우리 동네)'을 입력한 후, [만들기]를 클릭합니다.

03 맵에 배경을 추가하기 위해 [배경화면 설정하기]를 클릭한 후, '열기' 창이 나타나면 '17강'에서 저장해 두었던 '맵 배경' 이미지를 선택하고 [열기]를 클릭합니다.

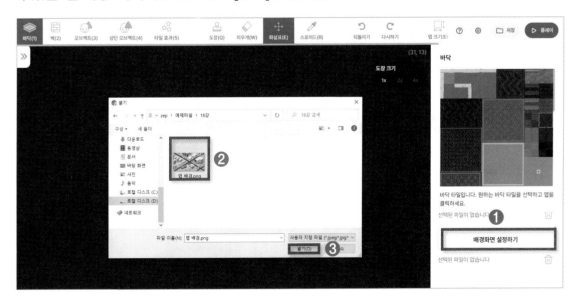

모두 모두 ZEP 크리에이터 💎

저장해 둔 이미지가 없을 경우, [예제 파일]-[18강]의 '맵 배경' 이미지를 사용합니다.

배경이 추가된 맵에 '통과 불과' 효과를 적용한 후, 마을을 소개하는 'NPC'를 세워 봅니다.

01 [타일 효과]-[도장]-[통과 불가] 효과를 이용하여 '이동할 수 있는 길'과 '이동할 수 없는 길'을 만들어 봅니다.

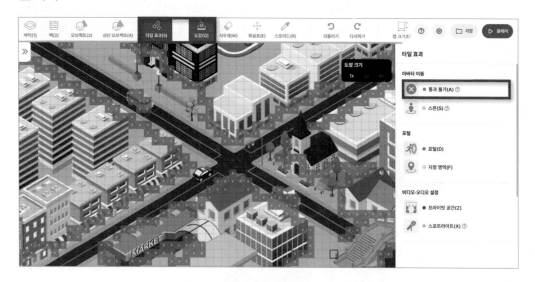

02 [오브젝트]-[크리스마스] 오브젝트를 활용하여 장소(학교, 교회, 마트)를 소개할 'NPC'를 세웁니다. 그리고 [타일 효과]를 클릭하여 'NPC'가 세워진 곳에 [통과 불과] 효과가 적용되어 있다면 삭제합니다.

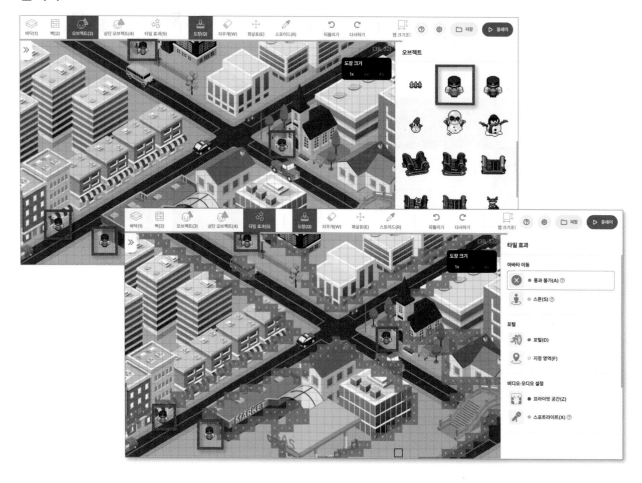

우리 동네를 소개할 팝업 이미지를 미리캔버스에서 만든 후, 적용해 봅니다.

01 미리캔버스(https://www.miricanvas.com/)에 접속한 후, 로그인합니다.

02 소개 이미지를 만들기 위해 [디자인 만들기]-[직접 입력]에서 '가로(350)', '세로(200)' 크기를 입력하고, [새 디자인 만들기]를 클릭합니다.

03 [배경]-[단색]-[색상]을 선택한 후, '페이지'를 클릭하여 배경색을 적용합니다.

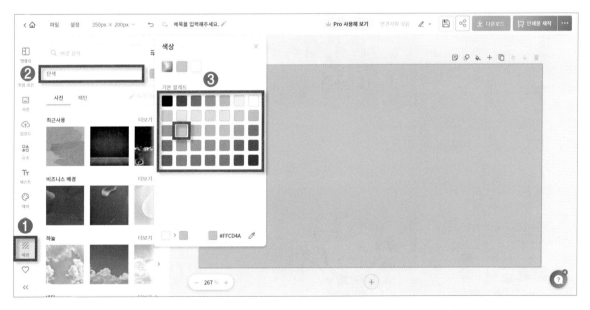

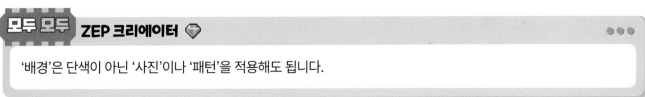

모두 모두 ZEP 크리에이터

'배경'은 단색이 아닌 '사진'이나 '패턴'을 적용해도 됩니다.

04 [요소]에서 장소를 소개할 캐릭터를 검색하여 추가한 후, 크기를 변경합니다.

05 [텍스트]-[부제목 텍스트]를 클릭하여 소개 내용을 입력합니다. 이어서 '글자색'과 '글자 크기'를 변경한 후, [요소]에서 이미지를 찾아 예쁘게 꾸며 봅니다.

06 [다운로드]-[웹용]-[PNG]-[빠른 다운로드]를 클릭하여 완성한 이미지를 저장합니다.

07 'ZEP' 페이지로 이동하여 [오브젝트]-[도장]을 클릭한 후, 소개 이미지를 추가할 'NPC' 오브젝트의 [설정(⚙)]을 클릭하고, '오브젝트 설정' 창이 나타나면 [팝업 기능]-[이미지 팝업]을 클릭합니다.

08 이어서 '이름(학교)'을 입력한 후, [이미지 파일]-[파일 선택]을 클릭하여 '열기' 창이 나타나면 저장해 둔 소개 이미지를 불러옵니다.

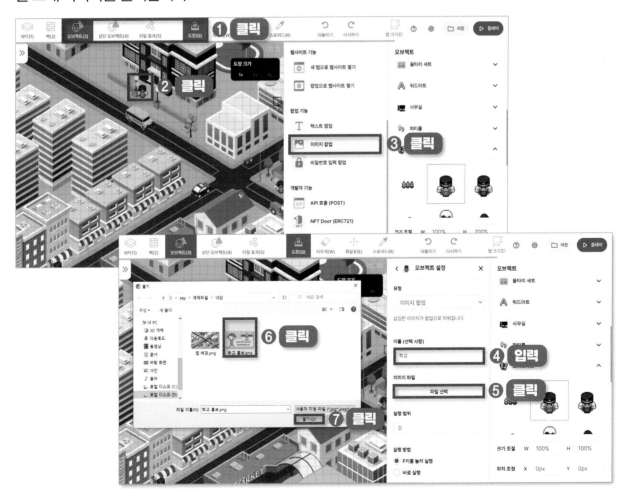

09 완성된 맵을 확인한 후, [플레이(▷ 플레이)]를 클릭하여 소개 이미지가 적용된 'NPC'에게 이동해 봅니다.

10 'NPC'를 만나면 'F 키'를 눌러 팝업 이미지를 확인한 후, [확인]을 클릭하여 이미지를 닫습니다.

11 '맵 편집' 창으로 돌아와 다른 장소에도 소개 이미지를 추가합니다.

12 완성된 맵을 확인한 후, 친구들과 함께 테스트를 해 봅니다.

13 테스트가 끝나면 [스페이스 나가기(Z)]-[홈으로 가기(⌂)]를 클릭한 후, 계정 [로그아웃]을 합니다.

01 [+스페이스 만들기]-[빈 맵에서 시작하기]를 클릭합니다. 이어서 17강 <플·ZEP·플>에서 완성한 '배경'을 맵에 추가한 후, 캐릭터 옆에 '풍선'오브젝트를 한 개씩 설치합니다.

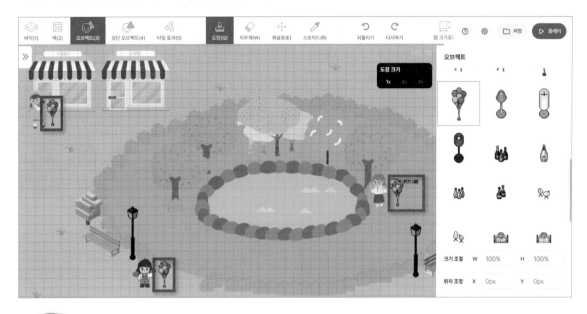

 '풍선' 모양은 [파티룸] 오브젝트에 있어요.

02 공원에 있는 3명의 캐릭터가 하는 이야기를 미리캔버스에서 카드로 만들어 '이미지 팝업'을 적용해 봅니다.

 [팝업 기능]-[이미지 팝업]을 이용하여 캐릭터가 하는 이야기를 나타내 보아요.

19

'강의실' 스페이스 디자인

학습목표

◆ '스페이스 설정' 과정을 미리 정리해 둡니다.
◆ 미리캔버스를 이용하여 세로형 '강의실 맵'을 디자인합니다.
◆ 완성된 맵을 이미지로 저장합니다.

배울 내용 미리보기 ⚡

미리캔버스 주요 기능

◉ 디자인 만들기
◉ 업로드
◉ 배경으로 만들기
◉ 반전
◉ 다운로드

| 스페이스 설정

이름	강의실
주제 키워드	학습하기, 이미지·동영상·학습자료 공유하기
기획 의도	현실에서 함께 모이지 못하는 친구들이 메타버스 강의실에 모여, 서로에게 필요한 자료를 공유함
만들기 과정	친구들과 함께 공부할 '강의실' 메타버스 맵 만들기→메타버스 강의실에 모이기→함께 미디어(이미지, 화이트보드, 동영상 등) 공유하기
디자인	미리캔버스를 통해 교실 '배경'을 만든 후, 교실과 관련된 요소인 '의자 책상, 책가방' 등을 추가하여 꾸미기

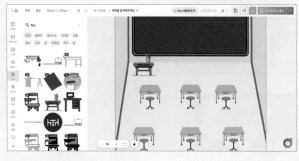

▲ 강의실 꾸미기

▲ 완성 파일 다운로드

 ZEP 젭할 사람 모두 모여라! ♥

여러분들이 친구들과 함께 공부하는 학교 교실은 어떻게 꾸며져 있나요? 칠판, 책상, 의자 등은 기본으로 설치되어 있겠죠? 이번 시간에는 미리캔버스를 통해 '강의실'을 직접 디자인해 볼 거예요. 완성된 이미지는 저장해 두었다가 '메타버스 ZEP'에 업로드해 보기로 해요.

1 PLAY 미리캔버스 로그인하기

미리캔버스에서 '강의실' 맵을 만들기 위해 로그인합니다.

01 미리캔버스(https://www.miricanvas.com/)에 접속한 후 [로그인하기]-[네이버로 계속하기] 버튼을 클릭합니다. 이어서 아이디와 비밀번호를 입력한 후, [로그인] 버튼을 클릭합니다.

* '카카오, 구글, 웨일스페이스' 등 다른 방법으로도 로그인할 수 있습니다.

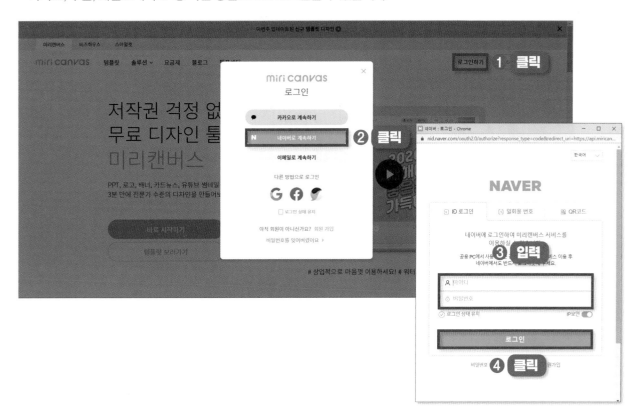

02 맵을 만들기 위해 [디자인 만들기]-[웹 포스터]-[세로형] 배경화면 사이즈를 클릭합니다.

외부에서 배경 이미지를 가져와 '강의실' 맵을 완성해 봅니다.

01 배경 이미지를 가져오기 위해 [업로드]-[업로드]를 클릭하여 '열기' 창이 나타나면 [예제 파일]-[19강]의 '배경'을 선택한 후, [열기]를 클릭합니다.

02 '배경'이 업로드되면 '배경' 이미지를 클릭하여 페이지에 추가한 후, 마우스 오른쪽 버튼을 클릭하여 [배경으로 만들기]를 클릭합니다.

모두 모두 **ZEP 크리에이터** 💎

배경을 바꾸거나 삭제할 때에는 '마우스 오른쪽 버튼'을 클릭하여 [삭제] 또는 [사진 빼내기]를 클릭하면 됩니다.

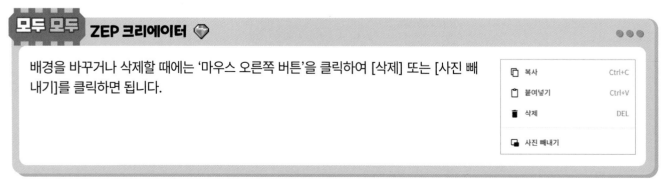

03 [요소]에서 강의실에 필요한 오브젝트를 찾아 페이지에 추가한 후, 크기를 배경과 어울리게 조절해 봅니다.

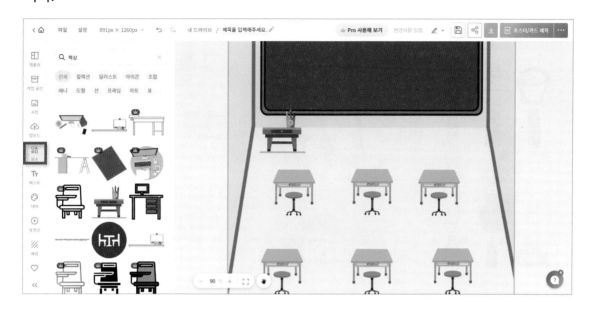

모두 모두 ZEP 크리에이터 ◆

같은 모양의 오브젝트를 사용할 때에는 'Ctrl+C 키'를 눌러 복사하고, 'Ctrl+V 키'를 눌러 '붙여 넣기' 하면 편리하게 디자인할 수 있습니다.

04 [요소]에서 '선생님'을 검색하여 칠판 앞에서 강의하는 모습으로 추가해 봅니다.

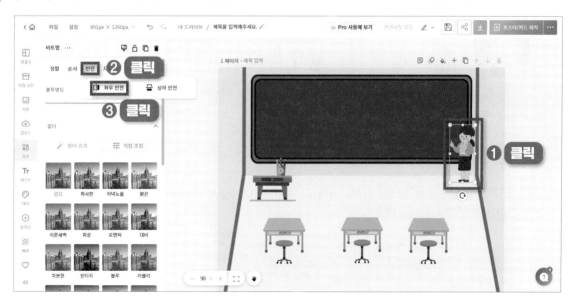

모두 모두 ZEP 크리에이터 ◆

◆ 필요한 이미지를 미리캔버스에서 찾기 어려운 경우, [예제파일]- [19강]에서 제공하는 '책상'과 '선생님' 이미지를 사용하여 '강의실'맵을 완성합니다.
◆ 이미지의 좌우 방향을 바꿀 때에는 [반전]-[좌우 반전]을 클릭합니다.

05 강의실에 필요한 요소를 더 찾아 강의실을 꾸며 봅니다.

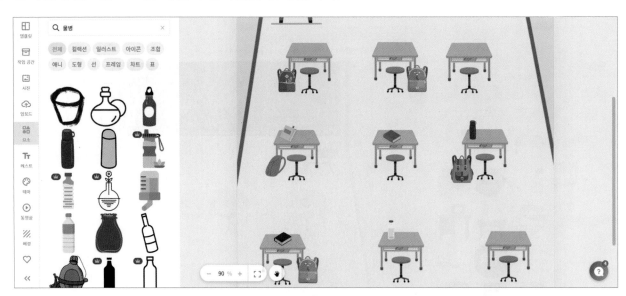

06 맵이 완성되면 [다운로드]-[웹용]-[PNG]-[빠른 다운로드]를 클릭하여 맵을 다운로드한 후, 저장합니다.

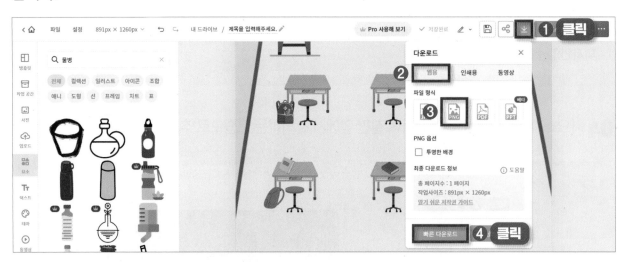

모두 모두 **ZEP 크리에이터** ◇

미리캔버스에 이미지를 업로드하는 형태는 [전체], [폴더], [이미지], 이렇게 세 가지로 나뉩니다. 다음의 형태 중에 자신에게 편리한 것을 선택하여 사용하도록 합니다.

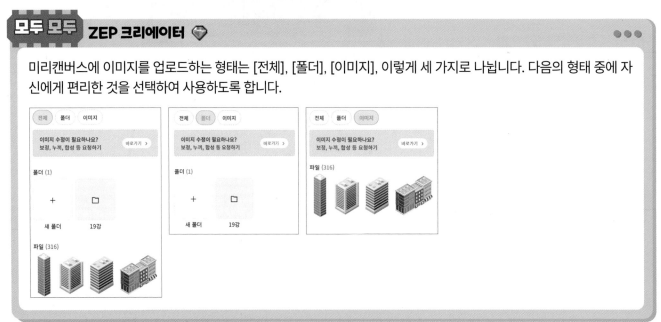

01 미리캔버스에서 [디자인 만들기]-[프레젠테이션]을 클릭하여 동화의 한 장면을 완성한 후, 다운로드를 합니다.

 미리캔버스의 [요소]를 활용해 보아요.

02 [텍스트]-[본문 텍스트]를 이용하여 동화의 이야기를 입력한 후, 다운로드합니다.

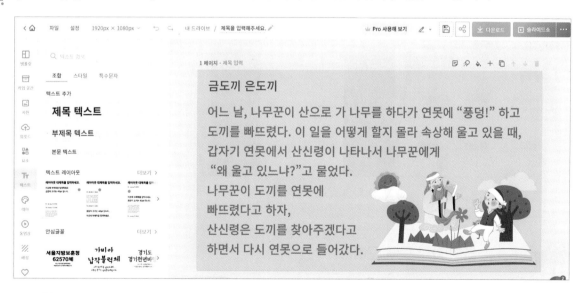

 오브젝트는 전체를 선택한 후, [그룹]를 실행하면 크기를 한 번에 줄일 수 있어요.

20

메타버스 ZEP 강의실

학습목표

- ◆ 디자인한 맵 이미지를 '메타버스 ZEP'에 업로드하여 꾸며 봅니다.
- ◆ 타일 효과로 '이동 가능한 길'과 '이동할 수 없는 길'을 만들어 봅니다.
- ◆ 미래캔버스에서 만든 이미지를 칠판에 나타낼 수 있습니다.
- ◆ '강의실' 맵을 완성한 후, 친구들과 함께 플레이합니다.

배울 내용 미리보기

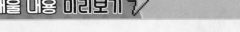

ZEP 주요 기능

- ◉ 배경화면 설정하기
- ◉ 타일 효과
- ◉ 맵 크기조정
- ◉ 플레이
- ◉ 미디어 추가

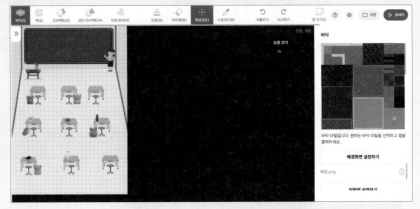

▲ 배경 추가하기, 맵 크기조정하기

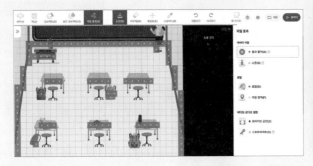

▲ 타일 효과 적용하기

▲ 미디어 추가하기

 ZEP **젭할 사람 모두 모여라!**

여러분, 이전 시간에 미리캔버스로 '강의실'을 디자인해 보았지요? 이번 시간에는 미리캔버스를 이용하여 완성한 '강의실' 이미지를 이용하여 '메타버스 강의실'을 만들어 보려고 해요. 친구들을 강의실로 초대해 학습에 필요한 자료를 [+미디어 추가] 기능으로 공유할 수 있게 만들어 볼까요?

PLAY 1 맵에 '배경' 추가하기

미리캔버스에서 완성한 '배경' 이미지를 맵에 적용시켜 봅니다.

01 ZEP(zep.us)에 접속한 후, [로그인] 버튼을 클릭하여 '구글' 또는 '이메일 계정'으로 로그인합니다.

02 맵을 만들기 위해 [홈버튼(<i>ZEP</i>)]을 클릭한 후, [+스페이스 만들기]-[빈 맵에서 시작하기]를 클릭합니다. '스페이스 설정' 창이 나타나면 '스페이스 이름(강의실)'을 입력한 후, [만들기]를 클릭합니다.

03 맵에 배경을 추가하기 위해 [배경화면 설정하기]를 클릭한 후, '열기' 창이 나타나면 '19강'에서 저장해 두었던 '배경' 이미지를 선택하고 [열기]를 클릭합니다.

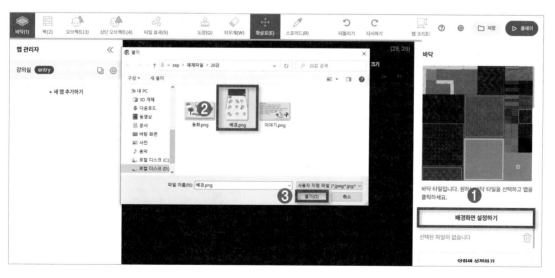

모두 모두 | ZEP 크리에이터 💎

저장해 둔 이미지가 없을 경우, [예제파일]-[20강]의 '배경' 이미지를 활용합니다.

PLAY 2 ZEP 맵 완성하기

맵의 크기를 변경한 후, '통과 불가' 효과를 적용하여 길을 만들어 봅니다.

01 맵의 크기를 설정하기 위해 '배경' 이미지 끝 부분으로 마우스 포인터를 이동한 후, 맵의 크기를 확인합니다. 이어서 [맵 크기조정]을 클릭하여 '맵 크기 수정하기' 창이 나타나면 '너비(28), '높이(39)'를 입력한 후, [저장]을 클릭합니다.

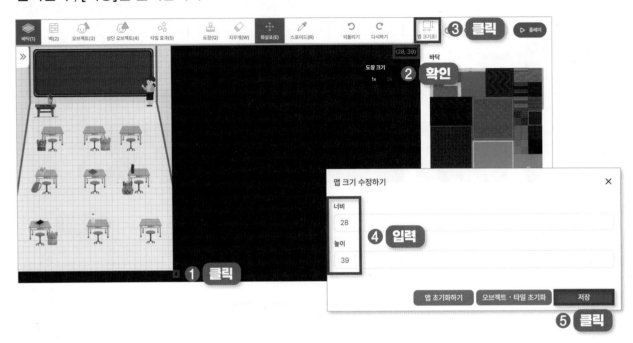

02 [타일 효과]-[도장]-[통과 불가] 효과를 이용하여 '이동할 수 있는 길'과 '이동할 수 없는 길'을 만들어 봅니다.

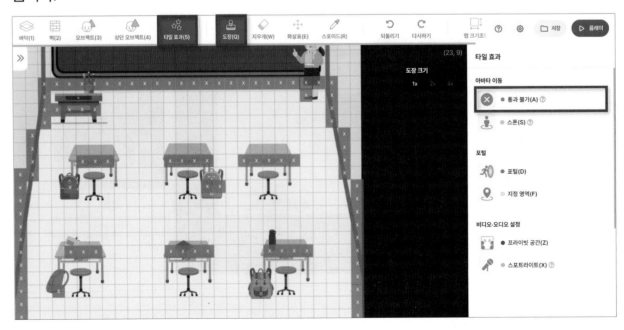

∃ 미디어 추가 기능 활용하기

친구를 메타버스로 초대한 후, '미디어 추가' 기능을 이용하여 칠판에 이미지를 공유해 봅니다.

01 [플레이(▷ 플레이)]를 클릭한 후, 친구를 강의실로 초대해 칠판 앞으로 모이게 합니다.

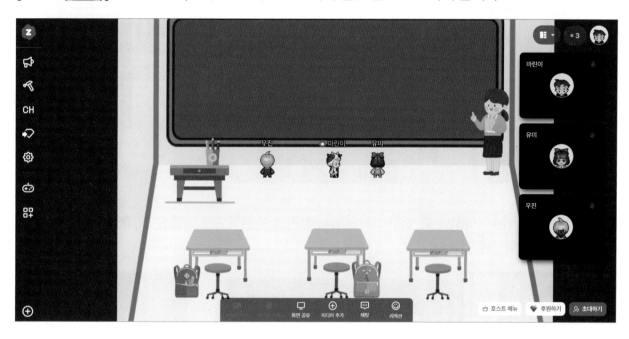

02 친구들이 모이면 [+미디어 추가]를 클릭합니다. '미디어 추가' 창이 나타나면 [이미지]를 클릭합니다.

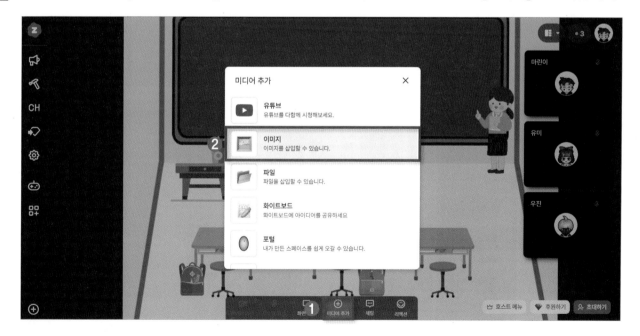

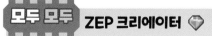 **ZEP 크리에이터** ◇

[설정]-[맵 설정]에서 [유저의 임베드 금지]를 '체크 해제' 하면, 방문자도 이미지를 공유할 수 있습니다.

03 '열기' 창이 나타나면 '19강'에서 만든 '동화' 이미지를 선택하고, [열기]를 클릭합니다.

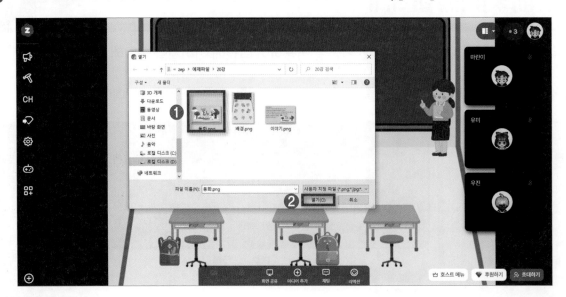

04 칠판에 추가된 이미지를 확인합니다. 이어서 칠판의 오른쪽으로 이동한 후, **03**과 같은 방법으로 '이야기' 이미지를 공유합니다.

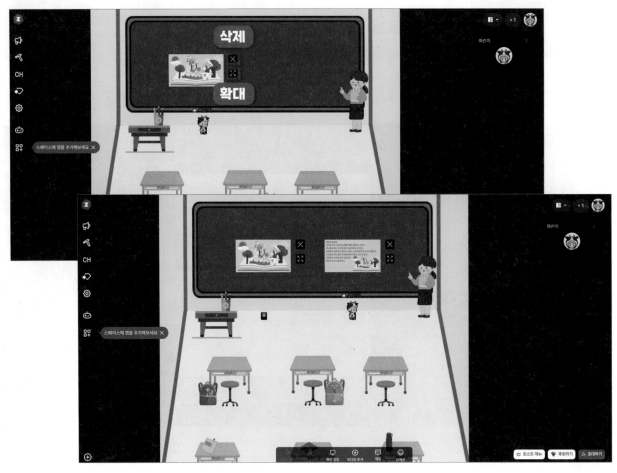

모두 모두 **ZEP 크리에이터** ◇

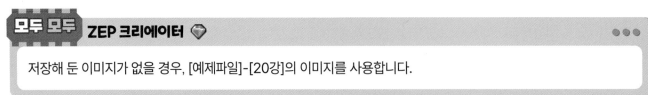

저장해 둔 이미지가 없을 경우, [예제파일]-[20강]의 이미지를 사용합니다.

05 자리를 이동하고, [+미디어 추가]-[화이트 보드]를 클릭한 후, [연필]로 글씨를 써 봅니다.

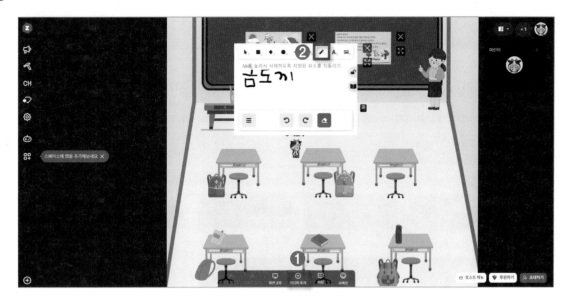

06 친구들과 함께 [+미디어 추가] 기능을 활용해 본 후, [스페이스 나가기(z)]-[홈으로 가기(⌂)]를 클릭하여, 계정 [로그아웃]을 합니다.

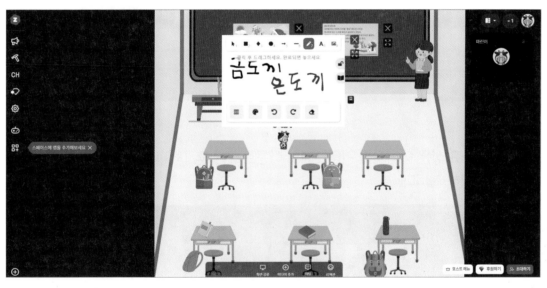

모두 모두 ZEP 크리에이터 ◈

색상 바꾸기

[팔레트]를 클릭하여 색상을 바꾼 후, 다시 [팔레트]를 클릭하면 처음 화면으로 돌아가게 됩니다.

01 [+스페이스 만들기]-[ZEP 맵]-[교실]을 클릭하여 맵을 자유롭게 꾸며 봅니다.

다양한 오브젝트를 추가하여 교실을 꾸며 보아요.

02 친구들과 공유하고 싶은 이미지를 인터넷에서 다운로드한 후, [+미디어 추가]를 이용하여 친구들과 함께 감상해 봅니다.

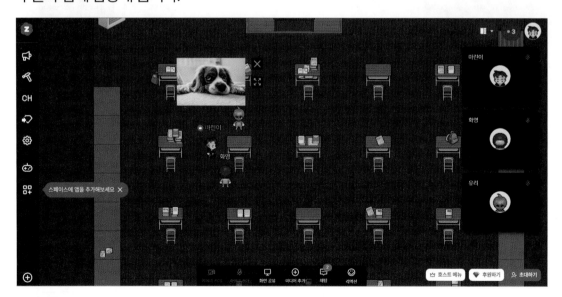

[미디어 추가]-[이미지]를 이용해요.

21 '보물섬' 스페이스 디자인

학습목표

- ◆ '스페이스 설정' 과정을 미리 정리해 둡니다.
- ◆ 그림판을 이용하여 '보물섬' 맵을 디자인합니다.
- ◆ 완성된 맵을 이미지로 저장합니다.

배울 내용 미리보기

그림판 주요 기능

- ◉ 그림판
- ◉ 열기
- ◉ 색 채우기
- ◉ 연필
- ◉ 브러시
- ◉ 색 편집
- ◉ 저장

스페이스 설정

이름	보물섬
주제 키워드	친구와 어울림, 여행하기, 모험하기, 보물찾기
기획 의도	코로나로 인해 함께 여행을 가지 못했던 친구들과 메타버스에서 '보물찾기' 여행을 떠남
만들기 과정	친구들과 함께 여행할 '보물섬' 메타버스 맵 만들기→보물을 찾으러 다니는 길에 NPC 세우기→넌센스 퀴즈를 맞춰야 길을 지나갈 수 있게 함
디자인	'그림판'을 통해 섬의 배경을 만든 후, ZEP 오브젝트로 꾸미기

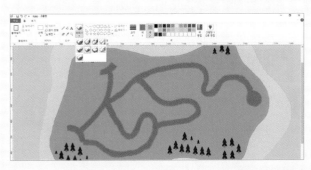

▲ 섬과 길 그리기

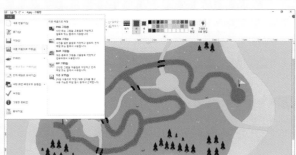

▲ 배경 저장

ZEP 젭할 사람 모두 모여라!

여러분, 친구들과 보물찾기 게임을 해 본 적이 있나요? 숨겨둔 보물을 찾으면 선물을 받을 수 있는 게임인데요. 보물섬에서 보물찾기 하는 게임을 ZEP에서도 한번 만들어 볼까요? 먼저 그림판을 통해 맵 이미지를 완성한 후, 저장해 두었다가 메타버스 ZEP에 업로드할 거예요.

'그림판'을 이용하여 '보물섬'을 그려 봅니다.

01 [윈도우 로고키(⊞)]-[Windows 보조프로그램]-[그림판]을 클릭한 후, '열기' 창이 나타나면 '배경'을 선택한 후 [열기]를 클릭합니다.

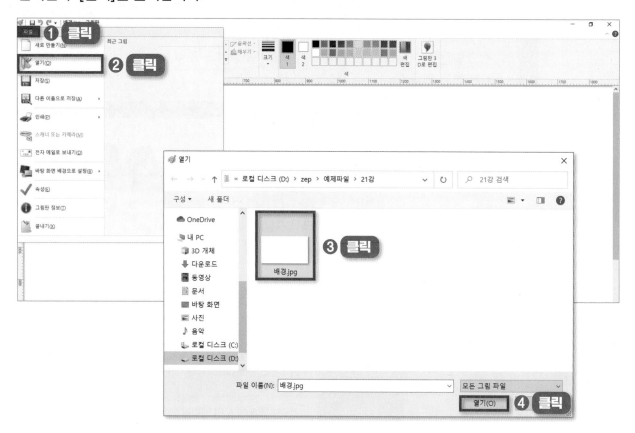

02 '바다'를 표현하기 위해 [색 채우기]를 선택한 후, '색(하늘색)'을 선택하고, 캔버스를 클릭합니다.

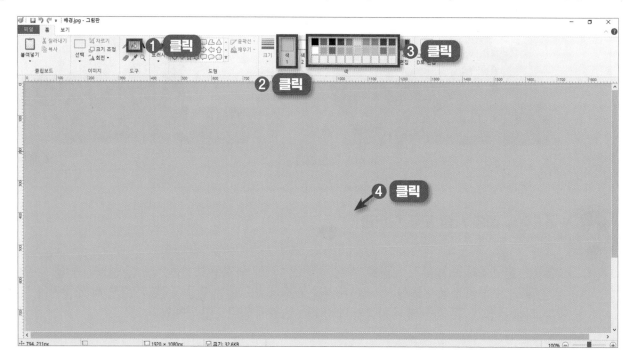

03 [연필]을 클릭하고, [크기]와 '색1'을 바꾼 후 '섬' 모양을 그립니다.

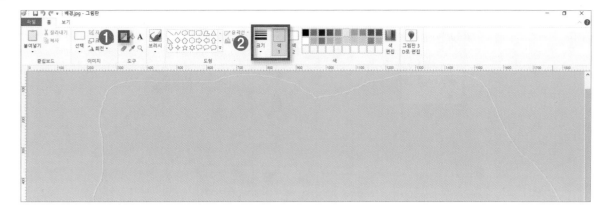

04 '모래'를 표현하기 위해 [색 채우기(🪣)]를 선택한 후, 테두리 안쪽을 클릭하여 섬을 '연한 노란색'으로 채웁니다.

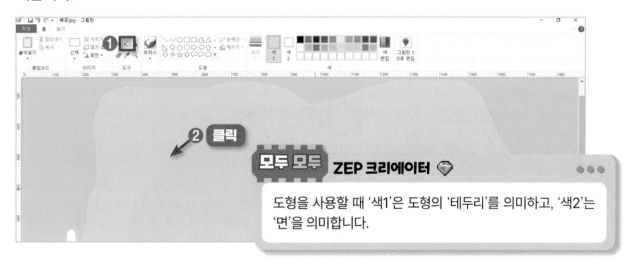

ZEP 크리에이터 💎

도형을 사용할 때 '색1'은 도형의 '테두리'를 의미하고, '색2'는 '면'을 의미합니다.

05 [색 편집]에서 나무에 어울리는 색을 선택한 후, 윤곽선 없는 '도형(삼각형, 사각형)'을 이용하여 섬에 '나무'를 심어 봅니다.

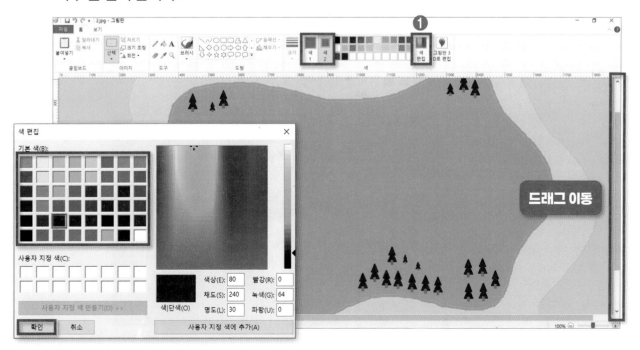

06 연필(브러시 : 크레용)을 이용하여 보물을 찾으러 가야 할 '길'을 그려 봅니다.

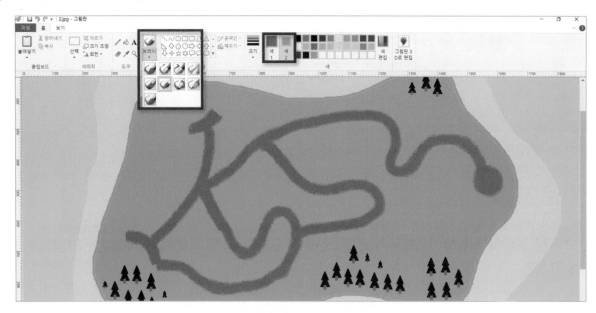

07 '브러시'를 이용하여 '섬 안'으로 흐르는 '물길'을 그리고, 물길을 건널 수 있는 '다리'도 그려 봅니다.

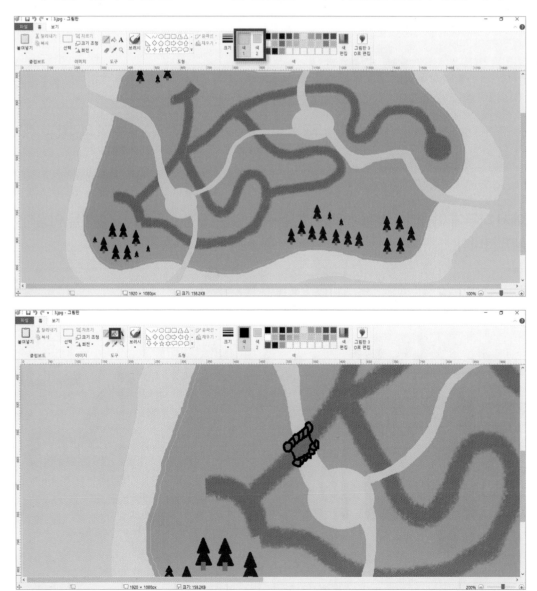

08 색을 바꾸어 가며 길 주변에 '돌'과 '풀'을 그려 봅니다.

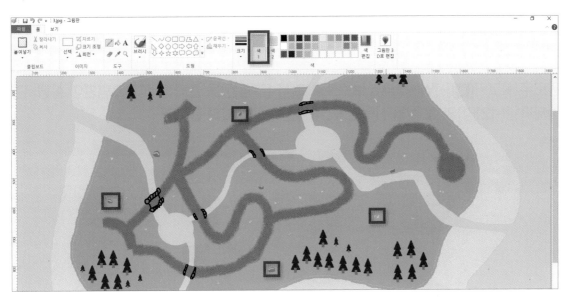

09 맵의 '시작' 위치와 '도착' 위치를 그리고 '배경' 그림이 완성되면 [파일]-[저장]을 클릭하여 저장합니다.

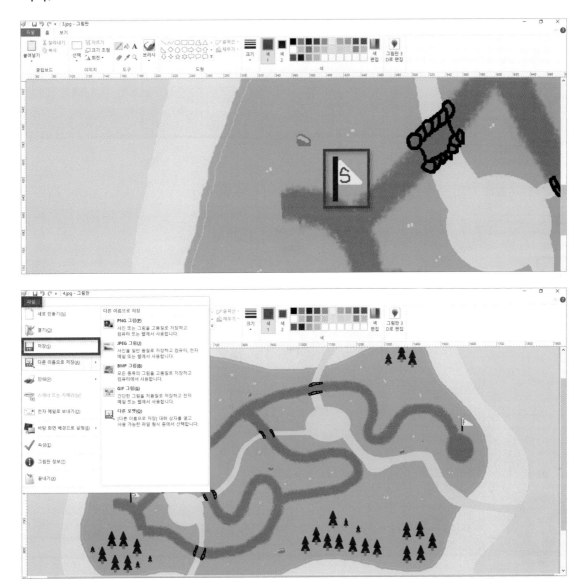

플·ZEP·플

01 [윈도우 로고키(⊞)]-[Windows 보조프로그램]-[그림판]을 클릭합니다. 그림판이 실행되면 [예제파일]-[21강]의 '보물'을 선택한 후, 다양한 보물을 그려 봅니다.

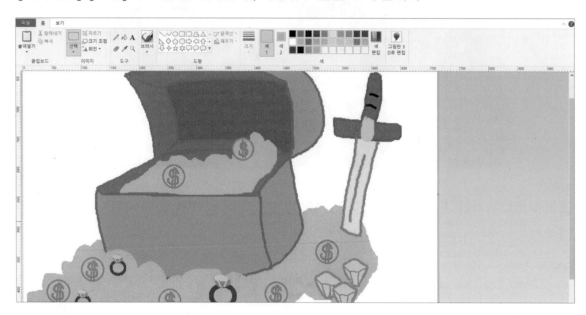

 [연필], [색 채우기], [도형] 등을 이용하여 그림을 완성해 보아요.

02 '보물'을 그림을 완성한 후, [파일]-[저장]을 클릭하여 저장합니다.

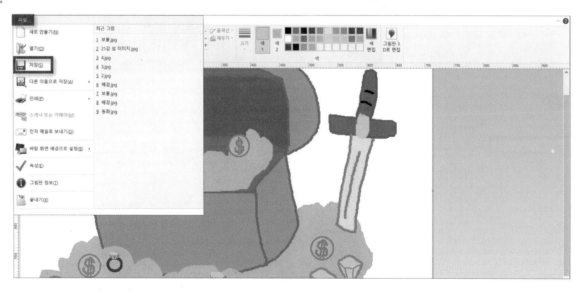

 [파일]-[저장]을 클릭하여 '보물' 이미지를 PNG 파일로 저장해 보아요.

142

학습목표

- ◆ 디자인한 맵 이미지를 '메타버스 ZEP'에 업로드하여 꾸며 봅니다.
- ◆ '오브젝트'와 '상단 오브젝트'를 이용하여 보물섬을 꾸며 봅니다.
- ◆ 'NPC'를 설치하고 퀴즈의 문제와 답을 설정합니다.
- ◆ '보물'을 찾으면 그림판에서 만든 이미지가 나타나게 표현합니다.
- ◆ '보물섬' 맵을 완성한 후, 친구들과 플레이합니다.

배울 내용 미리보기

ZEP 주요 기능

- ◉ 배경화면 설정하기
- ◉ 맵 꾸미기
- ◉ 오브젝트 설정
- ◉ 타일 효과
- ◉ 비밀번호 입력 팝업
- ◉ 이미지 팝업
- ◉ 플레이

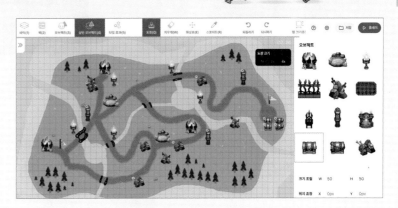

▲ 맵 꾸미기

▲ 문제와 답 적용하기

▲ 타일 효과 적용하기

  젭할 사람 모두 모여라!

이번 시간에는 '그림판'으로 그려 놓은 맵에 오브젝트를 추가하여 맵을 완성하고, 좀 더 재미있게 보물 찾기를 할 수 있도록 NPC를 세워 보기로 해요. 그리고 길을 쉽게 지나갈 수 없도록 퀴즈를 내는 NPC 를 세워 보는 건 어떨까요? 또, 보물 상자를 클릭하면 '보물' 이미지가 나타나게 만들어 보기로 해요.

그림판에서 완성한 '배경' 이미지를 맵에 적용시켜 봅니다.

01 ZEP(zep.us)에 접속한 후, [로그인] 버튼을 클릭하여 '구글' 또는 '이메일 계정'으로 로그인합니다.

02 맵을 만들기 위해 [홈버튼(**⊘ZEP**)]을 클릭한 후, [+스페이스 만들기]-[빈 맵에서 시작하기]을 클릭합니다. '스페이스 설정' 창이 나타나면 '스페이스 이름(보물섬)'을 입력한 후, [만들기]를 클릭합니다.

03 맵에 배경을 추가하기 위해 [배경화면 설정하기]를 클릭합니다. '열기' 창이 나타나면 '21강'에서 저장해 두었던 '배경' 이미지를 선택하고 [열기]를 클릭합니다.

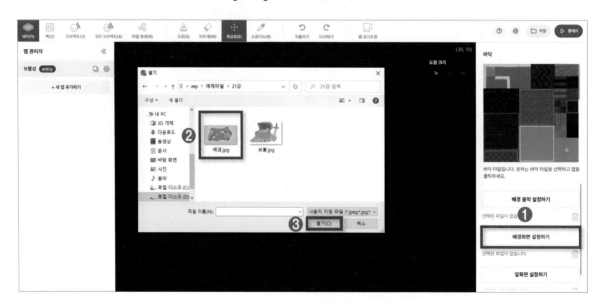

모두 모두 **ZEP 크리에이터** ◇

저장해 둔 이미지가 없을 경우, [예제파일]-[22강]의 '배경' 이미지를 활용합니다.

맵 완성하기

오브젝트를 이용하여 재미있는 맵으로 꾸며 봅니다.

01 [오브젝트]-[에셋 스토어]에서 [던전 오브젝트 세트] 오브젝트를 구매한 후, [오브젝트]와 [상단 오브젝트]를 이용하여 맵을 꾸며 봅니다.

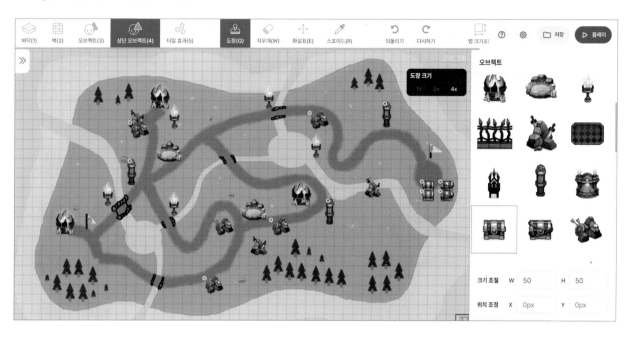

02 지나는 '길'의 중간에 퀴즈 문제를 내는 'NPC'를 설치하기 위해 [오브젝트]-[크리스마스]에서 오브젝트를 선택한 후, 길 중간 중간에 설치해 봅니다.

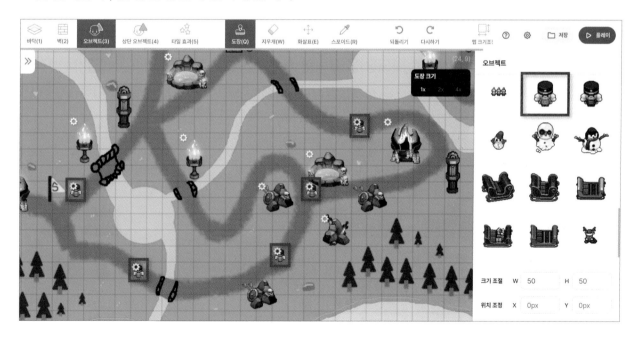

03 문제를 출제하기 위해 [오브젝트]-[도장]을 클릭한 후, 문제를 추가할 NPC 오브젝트의 [설정(⚙)]을 클릭하고, '오브젝트 설정' 창이 나타나면 [팝업 기능]-[비밀번호 입력 팝업]을 클릭합니다.

04 '비밀번호 설명[혼자만 갈 수 있는 나라는?(세글자)]'과 '비밀번호(꿈나라)'를 입력합니다. 이어서 '비밀번호 입력 시 실행할 동작(개인에게만 오브젝트 사라지기)'을 선택하고, '비밀번호 실패 메시지(다시 입력하세요.)'를 입력한 후, '실행 방법(바로 실행)'을 선택합니다.

05 다른 NPC 오브젝트에도 퀴즈의 문제와 답을 적용해 봅니다. 이어서 보물 상자를 클릭하면 '보물' 이미지가 나타나도록 [오브젝트]-[도장]을 클릭한 후, 보물 상자 오브젝트의 [설정(⚙)]을 클릭하고, '오브젝트 설정' 창이 나타나면 [팝업 기능]-[이미지 팝업]-[이미지 파일]-[파일 선택]을 클릭하여 '보물' 이미지를 업로드합니다.

06 아바타가 '길'로만 다닐 수 있도록 [타일 효과]-[도장]-[통과 불가]를 선택하여 효과를 적용합니다.

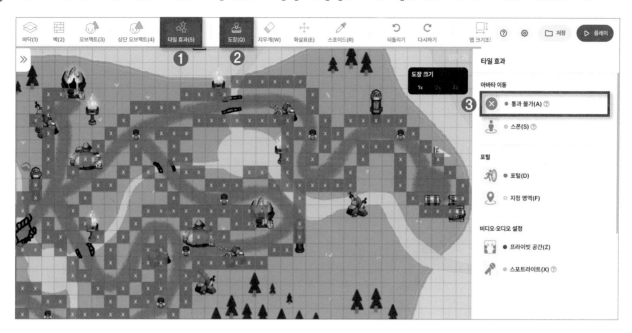

07 [타일 효과]-[도장]-[스폰]을 클릭하여 '시작 위치'에 적용합니다.

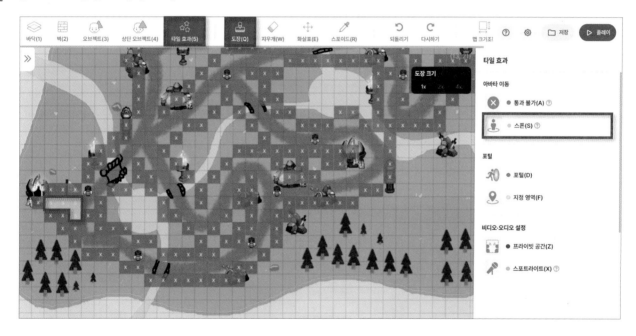

08 [플레이(▷ 플레이)]를 클릭하여 완성된 맵을 확인한 후, 친구들을 초대하여 게임을 진행해 봅니다.

09 게임이 끝나면 [스페이스 나가기(z)]-[홈으로 가기(⌂)]를 클릭한 후, 계정 [로그아웃]을 합니다.

플·ZEP·플

01 [+스페이스 만들기]-[ZEP 맵]-[10인 사무실]을 선택합니다. 이어서 '정답'을 물어보는 'NPC 1명'과 스무고개 게임 형식으로 '힌트'를 알려 주는 'NPC 10명'을 배치해 봅니다.

 '정답 NPC'는 '힌트 NPC'와 다른 모습의 오브젝트를 사용해요.

02 10개의 힌트를 설정한 후, 친구를 초대하여 게임을 진행해 봅니다.

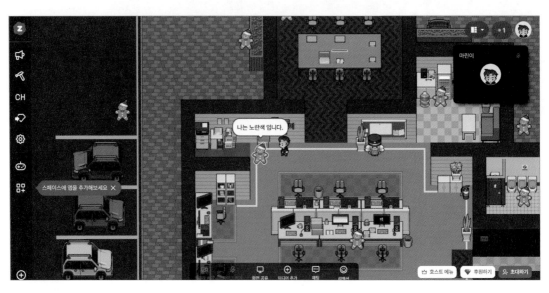

 '힌트 NPC'는 힌트를 [말풍선 표시]로 나타내고, '정답 NPC'는 [비밀번호 입력 팝업] 기능을 활용해요.

23 '영화관' 스페이스 디자인

학습목표

◆ '스페이스 설정' 과정을 미리 정리해 둡니다.
◆ 미리캔버스를 이용하여 영화관 맵을 디자인합니다.
◆ 완성된 맵을 이미지로 저장합니다.

배울 내용 미리보기

미리캔버스 주요 기능

◉ 디자인 만들기
◉ 요소-도형
◉ 배경-단색
◉ 업로드
◉ 다운로드

스페이스 설정

이름	영화관
주제 키워드	영화 감상, 친구 모임, 토론, 사이좋게 어울림
기획 의도	한 공간에 모여 친구들과 함께 영화나 영상을 시청한 후, 이야기 하거나 토론할 수 있는 상영관을 만들어 봄
만들기 과정	친구들과 함께 영화 감상을 할 '영화관' 메타버스 맵 만들기→영화관에 작품 전시하여 꾸미기→영화관에 배경 음악 재생하기→만화 영화 재생하기
디자인	미리캔버스를 통해 영화관을 만든 후, ZEP에서 동영상과 유튜브를 넣어 꾸밈

▲ 영화관 꾸미기

▲ 파일 다운로드하기

ZEP 젭할 사람 모두 모여라! ♥

여러분, 친구들과 함께 영화를 보러 극장에 가 본 적이 있나요? 이번 시간에는 메타버스에서 친구들과 함께 모여서 영화를 볼 수 있는 '영화관'을 만들어 보려고 해요. 미리캔버스의 사격형 '도형'을 이용하여 화면을 표현하고, '선'을 이용하여 공간을 3D로 표현해 보아요. 그리고 [요소]와 [업로드]한 이미지를 이용하여 마음이 가는 대로 영화관을 꾸며 보기로 해요.

미리캔버스에서 '영화관' 맵을 만들기 위해 로그인합니다.

01 미리캔버스(https://www.miricanvas.com/)에 접속한 후 [로그인하기]-[네이버로 계속하기] 버튼을 클릭합니다. 이어서 아이디와 비밀번호를 입력한 후, [로그인] 버튼을 클릭합니다.

* '카카오, 구글, 웨일스페이스' 등 다른 방법으로도 로그인할 수 있습니다.

02 맵을 만들기 위해 [디자인 만들기]-[프레젠테이션] 배경화면 사이즈를 클릭합니다.

미리캔버스의 '도형'을 이용하여 영화관의 화면을 만들어 봅니다.

01 [요소]-[도형]을 이용하여 영상을 재생할 '틀'을 만든 후, [색상]을 자유롭게 바꾸어 봅니다.

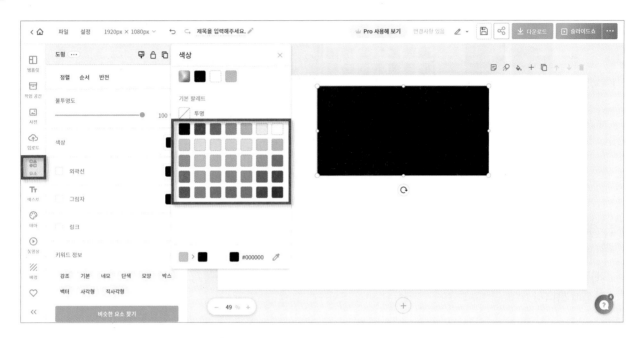

02 [요소]-[선]을 이용하여 3D 공간을 표현해 봅니다.

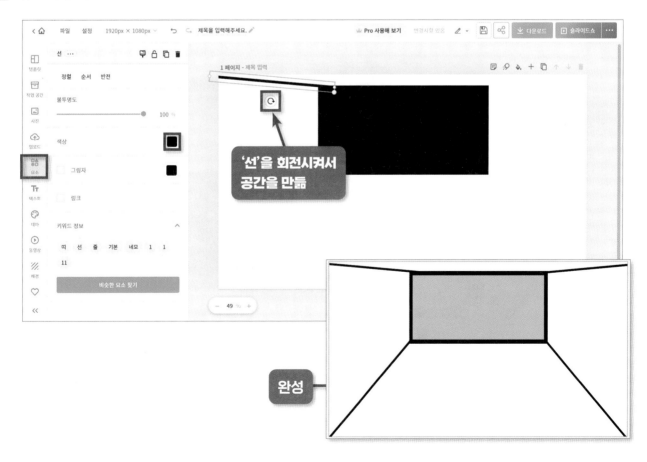

'선'을 회전시켜서 공간을 만듦

완성

03 [배경]-[단색]을 클릭하여 '색상' 창이 나타나면 영화관의 배경색을 변경해 봅니다.

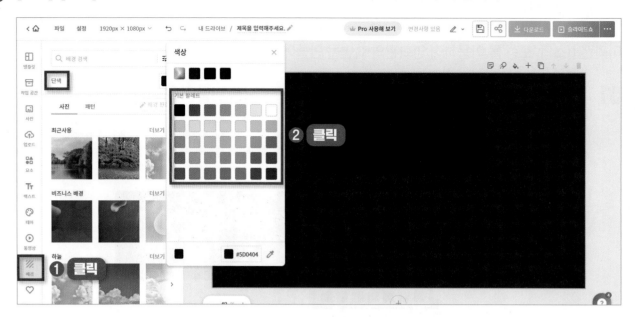

'배경색'은 공간의 느낌을 표현하기에 좋습니다. 공간은 어떠한 느낌을 연출할지 생각해 본 후, 자신이 원하는 색으로 지정해 봅니다.

04 [업로드]-[업로드]를 클릭하여 [예제파일]-[23강]의 '바닥'과 '커텐'을 미리캔버스로 업로드합니다.

추가로 꾸미고 싶은 디자인이 있다면, 미리캔버스에서 제공하는 [요소]를 사용하여 영화관을 꾸미도록 합니다.

05 [업로드]에 '커텐'과 '바닥'이 추가되면 '바닥'을 클릭하여 영화관 바닥 크기에 맞게 조절해 봅니다.

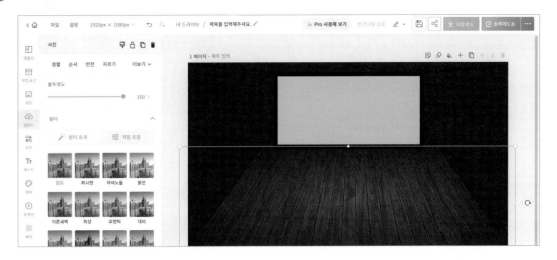

06 '커텐'도 [업로드]에서 클릭하여 영상이 재생될 화면을 예쁘게 꾸며 봅니다.

07 '카펫'과 '테이블'로 영화관을 꾸민 후, [다운로드]-[웹용]-[PNG]-[빠른 다운로드]를 클릭하여 맵을 다운로드한 후, 저장합니다.

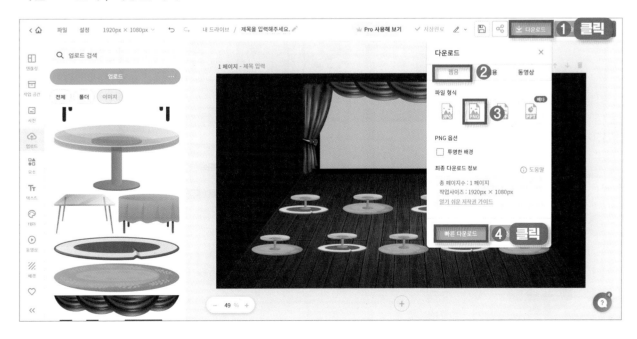

01 미리캔버스에서 [디자인 만들기]-[웹 포스터]-[가로형]을 클릭하여 영화관에 전시할 액자를 여러 개 만든 후, 저장해 봅니다.

- 인터넷에서 무료 이미지를 다운로드하여 포스터를 만들어 보아요.
- [예제파일]-[23강]에 '액자'와 '포스터' 이미지가 있어요.

02 [텍스트]-[부제목 텍스트]를 이용하여 영화 포스터에 제목을 입력하고, 완성되면 다운로드합니다.

[다운로드]-[빠른 다운로드]를 클릭해서 저장해요.

메타버스 ZEP 영화관

학습목표

◆ 디자인한 맵 이미지를 '메타버스 ZEP'에 업로드하여 꾸며 봅니다.
◆ 미리캔버스에서 만든 이미지와 ZEP의 오브젝트를 이용하여 영화관을 꾸며봅니다.
◆ 타일 효과로 영화관에 만화 영화를 재생합니다.
◆ '영화관' 맵을 완성한 후, 친구들과 함께 플레이합니다.

배울 내용 미리보기

ZEP 주요 기능

● 배경화면 설정하기
● 맵 꾸미기
● 나의 오브젝트
● 오브젝트 설정
● 배경 음악 설정하기
● 유튜브
● 타일 효과
● 플레이

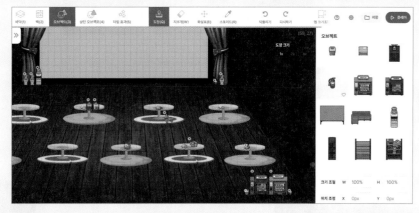

▲ 맵 꾸미기

▲ 배경 음악 적용하기

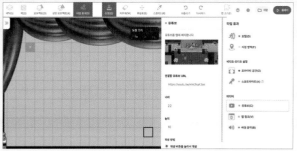

▲ 유튜브 영상 적용하기

ZEP 젭할 사람 모두 모여라!

여러분, 지난 시간에 미리캔버스로 영화관을 디자인해 보았지요? 이번 시간에는 '영화관' 배경에 ZEP에 등록되어 있는 오브젝트를 추가해서 꾸며 보기로 해요. 또, 만화 영화를 보러 온 관객들에게 좋은 인상을 남길 수 있게 느낌 좋은 '배경 음악'을 추가해 보기로 해요.

PLAY 1 **맵에 '배경' 추가하기**

미리캔버스에서 완성한 '배경'을 맵에 적용시켜 봅니다.

01 ZEP(Zep.us)에 접속한 후, [로그인] 버튼을 클릭하여 '구글' 또는 '이메일 계정'으로 로그인합니다.

02 맵을 만들기 위해 [홈버튼(**ZEP**)]을 클릭한 후, [+스페이스 만들기]-[빈 맵에서 시작하기]를 클릭합니다. '스페이스 설정' 창이 나타나면 '스페이스 이름(영화관)'을 입력한 후, [만들기]를 클릭합니다.

03 맵에 배경을 추가하기 위해 [바닥]-[배경화면 설정하기]를 클릭한 후, '열기' 창이 나타나면 '23강'에서 저장해 두었던 '배경' 이미지를 선택하고, [열기]를 클릭합니다.

모두 모두 ZEP 크리에이터 💎

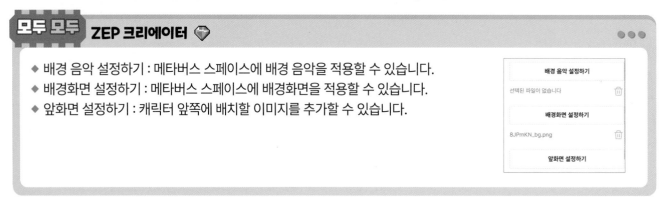

◆ 배경 음악 설정하기 : 메타버스 스페이스에 배경 음악을 적용할 수 있습니다.
◆ 배경화면 설정하기 : 메타버스 스페이스에 배경화면을 적용할 수 있습니다.
◆ 앞화면 설정하기 : 캐릭터 앞쪽에 배치할 이미지를 추가할 수 있습니다.

오브젝트를 이용하여 '영화관'을 꾸미고, '배경 음악'을 추가해 봅니다.

01 [오브젝트]에서 다양한 오브젝트를 이용하여 맵을 꾸며 봅니다.

02 [오브젝트]-[나의 오브젝트]를 클릭한 후 '23강'에서 만들어 둔 액자를 업로드합니다.

03 오브젝트를 선택한 후, 크기 조절(W: 20, H: 20)을 하여 벽에 설치해 봅니다.

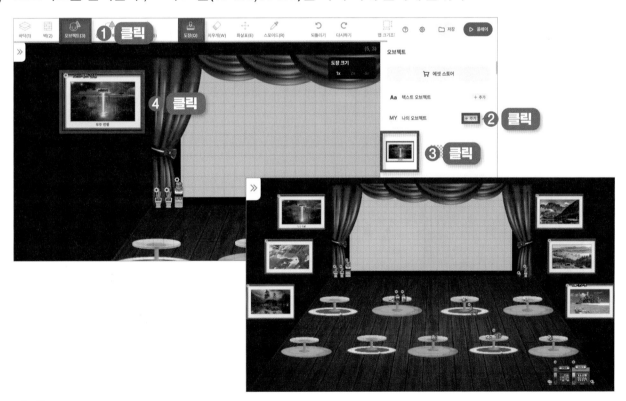

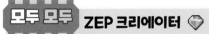
모두 모두 ZEP 크리에이터 ◇

다양한 무료 이미지를 인터넷에서 다운로드 하여 벽에 설치해 봅니다.

04 '배경 음악'을 메타버스에 추가하기 위해 [바닥]-[배경 음악 설정하기]를 클릭합니다. '열기' 창이 나타 나면 [예제파일]-[24강]의 '배경음악'을 선택하고 [열기]를 클릭합니다.

모두 모두 **ZEP 크리에이터** 💎 ● ● ●

호스트(관리자)가 일시적으로 배경 음악을 비활성하는 방법

◆ 다른 콘텐츠를 재생할 때 [설정] 또는 [호스트 메뉴]를 클릭하여 '설정' 창이 나타나면 [맵 설정]의 [배경 음악 비활 성화]를 선택합니다.

◆ 다시 배경 음악을 재생하려면 [설정] 또는 [호스트 메뉴]를 클릭하여 '설정' 창이 나타나면 [맵 설정]에서 [배경 음악 비활성화]를 해제합니다.

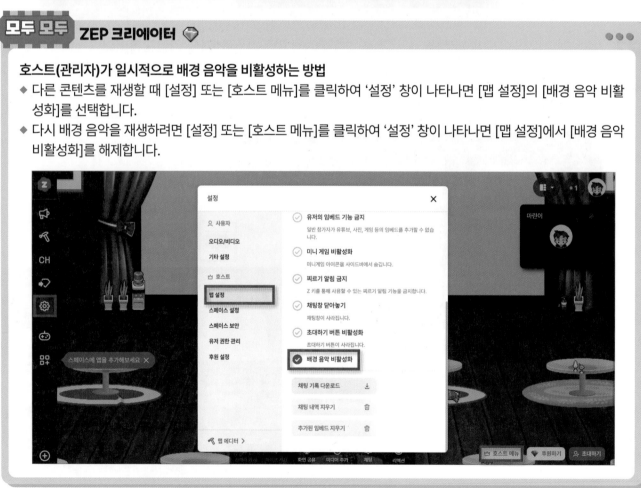

05 유트브에서 찾은 만화 영화를 '영화관'에서 상영하기 위해 유튜브(https://www.youtube.com/) 사이트에 접속합니다. 이어서 '검정 고무신'을 검색한 후, [공유]를 클릭합니다. '공유' 창이 열리면 [복사]를 클릭한 후, 다시 ZEP 페이지로 이동합니다.

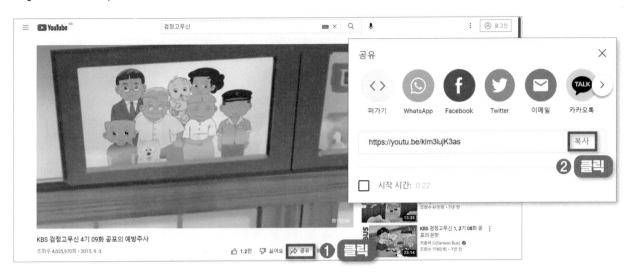

06 만화 영화를 '영화관'에 설치하기 위해 [타일 효과]-[도장]-[유튜브]를 클릭하여 '연결할 유튜브 URL'을 입력하고, 화면 칸수를 세어 '너비(22)와 높이(10)'를 입력한 후, 타일에 유튜브 기능을 적용합니다.

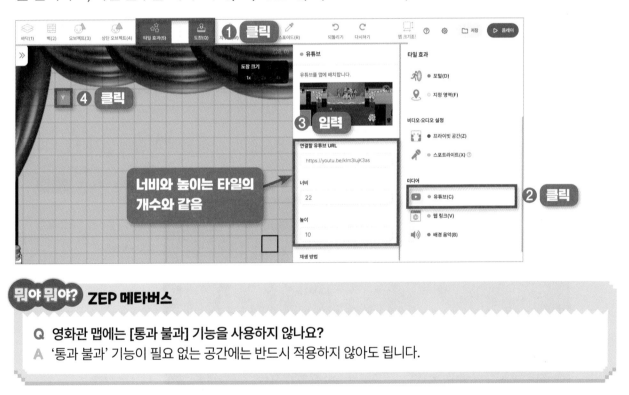

뭐야 뭐야? ZEP 메타버스

Q 영화관 맵에는 [통과 불과] 기능을 사용하지 않나요?
A '통과 불과' 기능이 필요 없는 공간에는 반드시 적용하지 않아도 됩니다.

07 [플레이(▷ 플레이)]를 클릭하여 완성된 맵을 확인한 후, 친구들을 초대하여 만화 영화를 함께 시청해 봅니다.

08 만화 영화가 끝나면 [스페이스 나가기(Z)]-[홈으로 가기(⌂)]를 클릭한 후, 계정 [로그아웃]을 합니다.

01 [+스페이스 만들기]-[빈 맵에서 만들기]를 클릭하여 전시관을 만들어 봅니다.

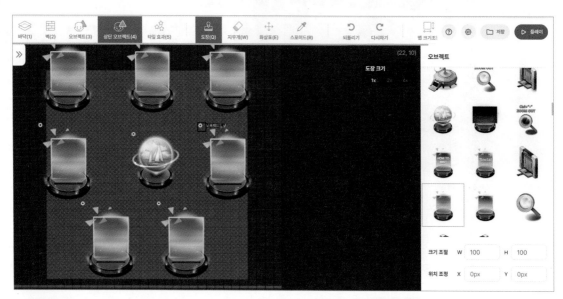

[오브젝트]-[우주체험센터 오브젝트 세트]를 사용했어요.

02 전시할 그림을 인터넷에서 무료 다운로드한 후, 전시관에 '배경 음악'과 함께 설치해 봅니다.

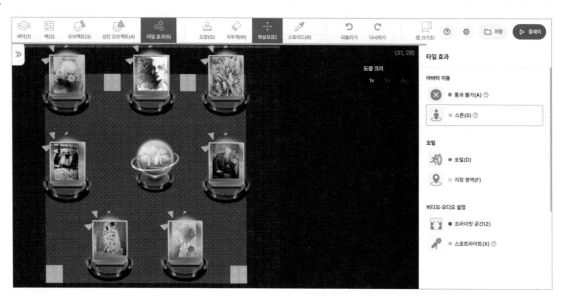

• 무료 이미지는 '픽사베이(Pixabay.com)'에서 다운로드해요.
• 이미지는 [오브젝트]-[나의 오브젝트]에 업로드하여 맵에 적용해요.